LA CIENCIA DE HACERSE RICO

Wallace D. Wattles

LA CIENCIA DE HACERSE RICO

Versión libre y actualizada
de Mestas Ediciones

Mestas
ediciones

Colección
SUPÉRATE Y TRIUNFA

© De la traducción: Rossy de los Santos Guerrero
© MESTAS EDICIONES, S.L.
Avda. de Guadalix, 103
28120 Algete, Madrid
Tel. 91 886 43 80
Fax: 91 886 47 19
E-mail: info@mestasediciones.com
www.mestasediciones.com
http://www.facebook.com/MestasEdiciones
http://www.twitter.com/#!/MestasEdiciones

Imágenes de portada bajo licencia Shutterstock
Autor portada: Mmaxer

Director de colección: Raül Pere

Primera edición: *Marzo, 2013*
Segunda edición: *Abril, 2016*
Tercera edición: *Enero, 2019*

ISBN: 978-84-92892-08-2
Depósito legal: M-6647-2013
Printed in Spain - Impreso en España

INTRODUCCIÓN
Vigencia y necesidad

Cuando uno se plantea las razones por las cuales publicar un libro como **La ciencia de hacerse rico**, de Wallace D. Wattles, llega a la conclusión de que hay dos aspectos que sobresalen por encima del resto: es un tratado de una enorme vigencia y una lectura muy necesaria en los tiempos que corren.

Los libros que perduran en el tiempo lo consiguen porque su voz y su sabiduría han sabido trasmitirse de una generación a otra, calando hondo en cada una de éstas. **La ciencia de hacerse rico** es de esos textos que te cambian la vida. De hecho, tiene la enorme virtud de haber mejorado la existencia de millones de personas desde hace más de cien años, otorgándoles la oportunidad de vivir una vida de abundancia, donde todo es posible, donde el dinero fluye y donde cada uno de los deseos son una expresión legítima de alguien que quiere mejorar, evolucionar y sentirse plenamente feliz.

Lo que nos propone aquí Wallace D. Wattles, escritor estadounidense nacido en el siglo XIX, y uno de los máximos exponentes de la corriente filosófica denominada Nuevo Pensamiento, es un sistema científico, infalible y de una vigencia contrastada, para atraer riquezas, con independencia de las circunstancias socioeconómicas en las que nos encontremos. Sus teorías se basan en principios universales que son tan precisos como pueda serlo la matemática. Si cada vez que sumamos 2 más 2, nos da 4, de igual modo podremos comprobar que cada vez que aplicamos, a rajatabla, los postulados que en este libro se explican, nuestro resultado final será que conseguiremos atraer más dinero a nuestras vidas, todo aquel que hayamos imaginado y mantenido en nuestra mente el tiempo suficiente. Porque sí, lo mejor de todo es que este método no nos exigirá un sobresfuerzo fuera de lo normal, ni nada que sea tan difícil de hacer que solo unos pocos sean capaces de adentrarse en sus misterios. No. Usted puede hacerlo. Con independencia de las circunstancias que ahora mismo tenga en su vida. Da igual que necesite caridad para comer, que pase penurias todos los días o que piense que no es lo suficientemente bueno para hacerse millonario, si usted quiere mejorar su vida, este libro le ayudará. De verdad. Se lo digo con el corazón en la mano.

¿Cree que sería usted capaz de imaginar un elefante rosa? Sí, ¿verdad? ¿Cree que sería capaz ahora de imaginar que ese elefante camina, salta y juega con una pelota amarilla? También, ¿no? Por último: ¿cree que podría grabar esta imagen en su mente y repetirla varias veces al día durante varias semanas? ¿Sí? Pues si usted es capaz de hacer todo eso, podrá aplicar las soluciones que presenta

La ciencia de hacerse rico e, inevitablemente, mejorará en lo económico. Pues su fundamento se basa en la visualización creativa, en nuestra capacidad para crear una imagen mental de lo que queremos conseguir, sea lo que sea, y en nuestra fuerza de voluntad para mantener dicha imagen trabajando en nuestro subconsciente. Algo tan fácil que hasta un niño podría hacerlo. Y lo crea o no, haciendo esto a diario con una fe inquebrantable, los resultados llegarán. Tardarán más o tardarán menos, dependiendo de la pasión y el tiempo que usted le dedique, pero llegarán. De eso no cabe ninguna duda, como muy bien nos explica Wattles a lo largo de estas páginas.

Nos pasamos nueve meses en el vientre de nuestra madre, mientras la naturaleza se encarga de darnos todo lo que necesitamos para subsistir, crecer y desarrollarnos. ¿Por qué, entonces, no habría de pasar lo mismo una vez que nacemos? ¿Por qué no se habría de encargar la propia naturaleza de darnos todo aquello que nos hiciese prosperar y evolucionar? Por absurdo que parezca, lo hace. Nos da todo lo que nosotros le pedimos. El problema es que, nuestros prejuicios culturales, nos hacen pensar que la vida es una batalla en la cual tendremos que luchar hasta el último trozo de pan. Y no es cierto. O al menos de esa forma tan tajante. Tendremos que controlar nuestros pensamientos, ya que éstos crearán nuestra realidad. Así que la lucha tendrá que ser interior, con nosotros mismos, por conservar en nuestra cabeza aquellas ideas que posibilitarán el mundo que queremos ver delante de nuestros ojos. Nunca tendremos, pues, que competir con nadie por nada. Hay de todo y para todos. ¿Es que acaso la naturaleza da durante el embarazo a unos y quita a otros? No, claro que no. Y si nos hacemos un corte en un dedo, de inmediato nuestro cuerpo enviará los recursos necesarios para curarlo. Eso pasará en todas las personas, en los ricos y en los pobres, en los altos y en los bajos, en los que viven en Brasil y en los que viven en China. En todos. No tendremos que pelear los unos contra los otros para que el sistema inmunológico se ponga a funcionar. En el mundo laboral tampoco. La competencia no existe para el universo, la creamos nosotros de forma absurda, al no darnos cuenta de que todo es abundancia. Por esa razón manipulamos, explotamos y robamos a otras personas, porque tenemos la sensación de que las cosas se agotan y que los otros nos están quitando nuestra parte del pastel. Y no es así. Se crearán más pasteles. Y cuando éstos también se terminen, otros nuevos aparecerán. Por eso, si usted quiere, tendrá el trabajo o el negocio que necesite para prosperar, solo debe hacer una serie ejercicios que propone este libro y creer ciegamente en ellos. Conseguirá sus metas, eso está asegurado.

Nosotros, Mestas Ediciones, presentamos esta nueva versión actualizada de **La ciencia de hacerse rico** porque entendemos que su mensaje se antoja hoy en día tan necesario como hace un siglo. Este mundo está viviendo, desde hace años, en una crisis constante que se erradicaría si cada uno de nosotros estudiase y promoviese las enseñanzas que aquí se dan. Tener más dinero debería ser una obligación moral para cada uno de los seres humanos de este planeta. Si todos generásemos más recursos y los compartiésemos, las crisis mundiales o la pobreza no existirían, o desde luego se verían reducidas considerablemente. "Solo haciéndose rico", como dice Wallace D. Wattles, "puede uno ayudar a los pobres", ya que no existe compromiso alguno con la pobreza en el hecho de ser pobre o querer serlo. Es más, la única muestra de este compromiso sería hacerse rico, generar dinero suficiente para que nadie en este planeta sufriese carencias. ¿No es cierto?

Por lo tanto, le animo a que lea y relea este libro, y ponga en práctica sus consejos. Esto le ayudará a usted y nos ayudará a todos. Si todas las personas ponemos nuestro granito de arena conseguiremos el objetivo final, que no es otro que el de crear, día a día, un mundo mejor. Le deseo mucha suerte y le acompaño gustoso en este viaje.

El editor

PREFACIO

Primeras ideas y promesas

Éste es un libro pragmático, no filosófico; un manual práctico y no un tratado sobre teorías.

Está destinado a hombres y mujeres cuya necesidad más apremiante es el dinero; quienes desean hacerse ricos primero y filosofar después. Es para aquellos que, hasta ahora, no han encontrado ni el tiempo, ni los medios, ni la oportunidad de adentrarse en el estudio de la metafísica, pero que quieren resultados y están dispuestos a tomar las conclusiones de La ciencia de hacerse rico como una base, fácil, práctica y destinada a la acción.

Se espera que el lector tome estos principios fundamentales con fe, al igual que si tomara los estamentos concernientes a una ley irrefutable del universo. Si hace esto, comprobará esta verdad incuestionable actuando sobre ella sin miedo ni duda, que es de lo que se trata. **Cada hombre o mujer que haga esto indudablemente se hará rico**; porque la ciencia que aquí se explica es una ciencia exacta y el fracaso es imposible, ya que contiene una serie de hipótesis que se pueden comprobar a diario y en múltiples facetas de la vida. Sin embargo, para aquellos que deseen investigar los estamentos filosóficos, y así sustentar la base lógica de su fe, citaré aquí ciertas autoridades célebres.

Por ejemplo: el monismo, corriente de pensamiento de origen hindú, que indica que Uno es Todo, y que Todo es Uno, y que ha ido ganando terreno en el pensamiento del mundo occidental durante más de doscientos años. Es la base de todas las filosofías orientales y las de Descartes, Spinoza, Leibnitz, Schopenhauer, Hegel o Emerson.

Al lector que desee comprender los fundamentos filosóficos de esta teoría se le sugiere leer a Hegel y Emerson.

Al escribir este libro, lo primero que me planteé fue que debía sacrificar todo aquello que dificultara la sencillez de estilo, para que así cualquier persona lo pudiese entender. Y eso he hecho. Lo he simplificado al máximo, obviando los adornos y huyendo de las metáforas filosóficas.

El plan de acción establecido aquí es claro y se deduce de las conclusiones que he sacado de experimentar las teorías de **La ciencia de hacerse rico**. Ha sido probado en profundidad con mi base científica **¡Y funciona!** Eso es seguro. Si deseas saber cómo he llegado a estas conclusiones, lee los escritos de los autores mencionados con anterioridad; y si deseas cosechar los frutos de sus conocimientos en la práctica real, lee este libro y haz, por favor, exactamente lo que te dice que hagas.

El autor

CAPÍTULO 1

Tu derecho a ser rico

"El éxito en la vida es convertirse en lo que realmente quieres ser."

A pesar de lo que se pueda decir en elogio de la pobreza, el hecho fundamental es que no es posible vivir una vida realmente completa y exitosa a menos que uno tenga una economía saneada.

Ningún hombre puede ascender hasta la mayor altura posible en el desarrollo de su talento o de su alma a menos que tenga mucho dinero; para desplegar el alma y desarrollar el talento debe tener acceso a muchos recursos, y no puede tenerlos si carece de dinero para comprarlos.

Un hombre se desarrolla en mente, cuerpo y alma haciendo uso de las cosas. Y esta sociedad en la que vivimos está organizada de tal manera que el hombre debe tener dinero para conseguir esas cosas; por lo tanto, la base de todo avance para el hombre debe ser la ciencia para hacerse rico, ya que sin dinero no tendrá aquellas cosas que le harán evolucionar y vivir mejor.

El objeto de toda la vida es el desarrollo; y todo lo que vive tiene un derecho inalienable a efectuar todo el progreso que sea capaz de lograr.

El derecho del hombre a vivir implica su derecho a tener la libertad, sin restricciones, de usar todas las cosas que puedan ser necesarias para su pleno desarrollo físico, mental y espiritual. En otras palabras, su derecho a tener todo aquello que sea necesario para su desarrollo y, por lo tanto, su derecho a ser rico.

En este libro, no voy a hablar de las riquezas en un modo figurativo; ser realmente rico no quiere decir, ni mucho menos, estar satisfecho o contento con poco. Ningún hombre debe sentirse satisfecho con poco si es capaz de usar y disfrutar más cosas. El propósito de la naturaleza es el progreso y el desarrollo de la vida; y todo hombre debería poseer todo aquello que pueda contribuir al poder, la elegancia, la belleza y riqueza de la vida. Estar contento con menos es pecaminoso.

El hombre que posee todo lo que quiere de la vida, es rico. Y cualquiera que no tenga suficiente dinero, tendrá carencias y, por lo tanto, no tendrá todo lo que desea.

La vida ha avanzado tanto y se ha hecho tan compleja, que aún los hombres y las mujeres más normales requieren una gran cantidad de riqueza a fin de vivir de una forma que se aproxime a la plenitud. Naturalmente, cada persona desea convertirse en todo lo que es capaz de llegar a transformarse. Este deseo de alcanzar sus posibilidades innatas es inherente a la naturaleza humana. No podemos esperar ser menos de todo lo que podemos ser. **El éxito en la vida es convertirse en lo que quieres ser**, haciendo uso de las cosas y teniendo la libertad de utilizar todos los recursos que necesites y desees, siempre y cuando seas capaz de comprarlos. Comprender la ciencia de hacerse rico es, por lo tanto, lo más esencial de todo este conocimiento.

No hay nada de malo en querer hacerse rico. El deseo de riquezas es la aspiración a una vida más rica, más plena y más abundante; y ese deseo es digno de alabar. El hombre que no deseé vivir con mayor abundancia no es normal, tampoco aquel que no desee tener el dinero suficiente para comprar todo lo que quiera o necesite.

Hay tres motivos por los cuales vivimos; vivimos para el cuerpo, vivimos para la mente y vivimos para el alma. Ninguno de ellos es mejor o más sagrado que el otro, todos son igualmente importantes. Y ninguno de los tres -cuerpo, mente o alma- puede vivir por completo si a alguno de los otros se les disminuye su expresión. No es correcto ni noble vivir únicamente para el alma y renegar del cuerpo o la mente; y es incorrecto vivir para el intelecto y rechazar el alma o el cuerpo.

Todos estamos familiarizados con las desagradables consecuencias de vivir para el cuerpo negando la mente y el alma, y ver que la vida real significa la expresión completa de todo lo que el hombre puede ofrecer a través de su cuerpo, su mente y su alma. A pesar de lo que digamos, nadie puede ser feliz en plenitud o estar satisfecho a menos que su cuerpo viva cada función al máximo, y que lo mismo sea verdad en su mente y en su alma. Donde quiera que haya posibilidades por hacer o una función no realizada, hay un deseo insatisfecho. **El deseo es la expresión de la búsqueda de posibilidades**, o la función de buscar rendimientos.

El hombre no puede vivir plenamente en su cuerpo sin buenos alimentos, ropa cómoda y un cálido hogar; pero tampoco soportando un trabajo excesivo. El descanso y la recreación también son necesarios para su vida física.

Su mente no puede vivir plenamente sin libros ni tiempo para estudiarlos, sin oportunidades de viajar y observar el mundo que le rodea, o sin compartir sus inquietudes intelectuales.

Para vivir de forma plena debe tener recreaciones intelectuales y rodearse con todos los objetos de arte y la belleza que es capaz de usar y apreciar.

Para vivir plenamente en espíritu, el hombre debe tener amor; y el amor es una expresión que repele la pobreza. La felicidad más grande de un hombre se encuentra en otorgar beneficios a aquellos que ama; el amor encuentra su expresión más natural y espontánea en el hecho de poder ayudar a los tuyos.

El hombre que no tiene nada que dar, no puede ocupar su lugar como esposo o padre, como ciudadano o como hombre. En el uso de las cosas materiales es donde un hombre llena de vida todo su cuerpo, desarrolla su mente y despliega su alma. Es por tanto, de suma importancia para el hombre hacerse rico.

Es perfectamente válido que desees ser rico; si eres un hombre o una mujer normal, así debes hacerlo. Es conveniente que prestes tu mayor atención a la Ciencia de Hacerse Rico, ya que es el más noble y necesario de todos los estudios.

Si descuidas este estudio, te abandonarás en tu deber hacia tu propia persona, hacia Dios y hacia la humanidad; porque no puedes dar ni a Dios ni a la humanidad mayor servicio que hacer el máximo esfuerzo por ti mismo.

CAPÍTULO 2

Existe una Ciencia
para Hacerse Rico

*"Si cualquier persona del mundo puede enriquecerse,
tú también puedes hacerlo."*

**Existe una ciencia de hacerse rico, y es una ciencia
exacta, como el álgebra o las matemáticas.**

El dinero y la prosperidad vienen como
resultado de hacer las cosas de una
"determinada manera"; aquello que
hacemos de esta forma, ya sea a propósito
o accidentalmente, nos hará ricos; mientras
que aquellas cosas que no se hagan bien,
no importa cuán duro trabajemos, nos
convertirán en pobres.

Es una ley natural que nos dice que
"iguales causas siempre producen iguales

efectos". Por esta razón cualquier persona que aprenda a hacer las cosas de una "determinada manera", se hará rica, pase lo que pase.

Ciertamente, hay leyes que rigen el proceso de adquirir riquezas. Una vez que estas leyes son aprendidas y cumplidas por cualquier hombre, harán que estos se hagan ricos con una exactitud matemática.

La declaración antes mencionada es cierta y está demostrada por los siguientes hechos:

Hacerse rico no es un aspecto que dependa del entorno, porque si fuese así, todos los habitantes de una ciudad serían ricos, mientras que los de otros pueblos serían pobres. El entorno no tiene nada que ver en todo esto.

En todas partes se ve a ricos y pobres viviendo juntos, en el mismo medio ambiente y a menudo dedicados a las mismas tareas. Cuando dos hombres son de la misma localidad, y trabajan en el mismo negocio, y uno de ellos se hace rico mientras que el otro permanece pobre, se demuestra que hacerse rico no es, ante todo, una cuestión del entorno. Algunos medios pueden ser más favorables que otros, pero cuando dos hombres en la misma actividad comercial están en el mismo vecindario, y uno llega a ser rico mientras que el otro fracasa, indica que hacerse rico es el resultado de hacer las cosas de una "determinada manera".

Y, voy más lejos aún, **la habilidad de hacer las cosas de una forma concreta no se debe únicamente a la posesión de talento, puesto que muchas personas con**

agudeza siguen siendo pobres mientras otras que tienen muy poco ingenio llegan a enriquecerse.

Estudiando a las personas que se han hecho ricos, encontramos que están en la media sociocultural en todos los aspectos, no tienen grandes capacidades ni habilidades mayores que el resto. Es evidente que no se hicieron ricos por poseer talentos y destrezas que otros hombres no tuviesen, sino porque hicieron que ocurrieran las cosas de una "manera determinada".

Hacerse rico no es, tampoco, el resultado del ahorro, o "frugalidad". Muchas personas tacañas son pobres, mientras que, derrochadores incorregibles a menudo se hacen ricos.

Tampoco hacerse rico se debe, a la realización de las cosas que otros no quieren hacer. Ya que, dos hombres de la misma profesión, a menudo hacen casi exactamente las mismas cosas, y uno de ellos consigue hacerse rico mientras que el otro continúa siendo pobre o se declara en quiebra.

De todo lo dicho, llegamos a la conclusión de que hacerse rico es el resultado de hacer las cosas de una Manera Concreta.

Si hacerse rico es el resultado de hacer las cosas de una "determinada manera", y si iguales causas siempre producen idénticos efectos, entonces cualquier hombre o mujer que pueda hacer las cosas de esta manera puede llegar a enriquecerse. Así, todo el asunto se mantiene dentro del dominio de la ciencia exacta.

La pregunta que surge aquí es la siguiente; ¿es tan complicada esta "determinada manera", que solo unos pocos la siguen? Esto no puede ser cierto, puesto que, como hemos visto, no está implicada la capacidad natural. Tanto las personas talentosas como las incultas pueden llegar a ser ricos; hay gente intelectualmente brillante que se enriquece, también los hay que carecen de conocimientos y pueden llegar a ser ricos. Hay personas físicamente fuertes que se enriquecen, pero también hay personas débiles y enfermizas que lo logran.

Tener un cierto grado de capacidad para pensar y entender es, por supuesto, esencial, pero en lo que afecta a la capacidad natural, cualquier hombre o mujer que tenga suficiente sentido de la lectura y entienda estas palabras puede hacerse rico, sin lugar a dudas.

También hemos visto que no es por causa del entorno. Lo cierto es que la ubicación cuenta; uno no iría al corazón del Sáhara y esperaría tener allí un negocio exitoso de venta de abrigos de piel para fiestas. A priori.

Hacerse rico implica la necesidad de negociar con hombres y de estar donde haya gente con la que tratar; y si esas personas están dentro de tu misma "sintonía", mucho mejor.

Si cualquier persona que viva en tu pueblo, país o continente puede enriquecerse, tú también puedes hacerlo.

Por otra parte, el tema no es elegir alguna profesión o negocio en particular. **La gente puede hacerse rica en todo negocio y en toda profesión**. De igual manera que encuentras gente que desarrolla el mismo trabajo que tú y permanece en la pobreza.

Es cierto que lo harás mejor en un negocio que te guste, y que te sea agradable. Si tienes ciertos talentos bien desarrollados, serás el mejor en un negocio que demande el ejercicio de esos talentos.

Además, darás lo mejor de ti mismo en un negocio que sea adecuado a tu localidad; una heladería estaría mejor en un clima cálido que en Groenlandia, mientras que florecerá con más éxito un negocio de distribución de pescado y marisco en un lugar donde esa materia prima sea más abundante. Es algo lógico, ¿no crees?

No obstante, aparte de estas limitaciones generales, hacerse rico no depende de tu participación en algún negocio en particular, sino de tu aprendizaje para conseguir hacer las cosas de una "determinada manera". Si hoy día estás inmerso en negocios, y alguien en tu zona se enriquece con el mismo tipo de negocio y tú no obtienes los mismos resultados, es porque no estás haciendo las cosas de la misma forma que esa otra persona. Eso está claro.

Que nadie se vea impedido de enriquecerse por falta de capital. Cierto es, que si tú consigues el capital, el crecimiento será más fácil y rápido; pero indudablemente, el que tiene capital ya es rico, y no necesita dedicarse a pensar cómo obtener más dinero.

No importa cuán pobre puedas ser, si empiezas a hacer las cosas de una "determinada manera", comenzarás a enriquecerte y a tener capital más que suficiente. La obtención de capital es una parte del proceso de hacerse rico y una parte del resultado que invariablemente sigue al hecho de hacer las cosas de una "determinada manera".

Puedes ser el hombre más pobre del continente y estar repleto de deudas; no tener amigos, ni influencias ni recursos; pero si empiezas hacer las cosas de una "determinada manera", indudablemente te harás rico, puesto que, a iguales causas se deben producir los mismos efectos. Si no tienes capital, puedes conseguirlo; si estás en el negocio equivocado, puedes hallar el correcto; si estás en el lugar inapropiado, puedes encontrar el sitio conveniente; y puedes hacerlo empezando por tu actual negocio o empleo, haciendo las cosas de una "determinada manera" para conseguir que te lleven hacia el éxito.

CAPÍTULO 3

¿Está la oportunidad monopolizada?

"Existe una fuente inagotable de riquezas."

Ningún hombre permanece en la pobreza porque le hayan quitado oportunidades; o porque los demás le hayan monopolizado la riqueza y hayan puesto una barrera alrededor de ella.

Es posible que haya cientos de negocios que no estén hechos para ti, pero, por suerte, hay otros miles en los que encajarías perfectamente. Es posible que unos te resulten demasiado monopolizados, en esta época que nos ha tocado vivir. Eso es algo obvio y normal. Aunque debes estar tranquilo, porque las cosas cambian constantemente y lo que hoy es negro, mañana vuelve a ser blanco. Las oportunidades están a la vuelta de la esquina y debes estar con los ojos muy abiertos y siempre atento ante las posibilidades de negocio que se te presenten, sean del campo que sean.

Es muy cierto que si eres un trabajador, tienes muy pocas posibilidades de llegar a ser el propietario de la empresa para la cual trabajas; pero es mucho más cierto que si comienzas a actuar de una "determinada manera", pronto podrás dejar ese empleo y dedicarte a adquirir bienes inmuebles o cualquier otra cosa que te produzca ingresos. Es decir, pronto llegarás a ser tu propio jefe y a manejar tu propia empresa. El siglo XXI está cargado de nuevas vías de negocio; son infinitas para aquél que está atento a los movimientos que se producen y actúa en consecuencia.

En diferentes periodos, las corrientes de oportunidades siguen distintas direcciones, de acuerdo con las necesidades de la humanidad y en particular con la evolución social que se ha alcanzado.

> Existe una gran cantidad de oportunidades para el hombre sigue con la corriente, en vez de nadar contra ella.

Por eso, cualquier trabajador o grupo de trabajadores, sea cual sea su profesión, no está desprovisto de oportunidades. Nadie está limitado ni sometido. Como clase, están donde están porque no piensan ni hacen las cosas de una "determinada manera".

Cualquier país o industria puede seguir el ejemplo de los países o industrias que hacen bien las cosas y tienen buenos resultados; podrías elegir actuar de una manera más próspera y eficaz, después de analizar las acciones de éxito de otros territorios y empresas; y en pocos años podrías tomar posesión pacífica del campo industrial que deseases.

La clase obrera puede convertirse en la clase predominante, siempre y cuando, empiece a hacer las cosas de una "determinada manera". La ley de la riqueza es la misma para ellos que para todos los demás. Deben aprender de esto o permanecerán donde están todo el tiempo, si continúan haciéndolo como lo hacen. Al trabajador individual, sin embargo, no se le oprime por la ignorancia o la dejadez mental de su clase, puede seguir la corriente de oportunidades que le conduce hacia las riquezas, y este libro le enseñará cómo.

Nadie se mantiene en la pobreza por una insuficiencia en el abastecimiento de las riquezas; ya que existe suficiente para todos. Podría construirse un palacio tan grande como el Capitolio de Washington para cada familia sobre la faz de la tierra, solo con los materiales de construcción que podemos encontrar en los Estados Unidos. Y con los cultivos intensivos, ese país produciría lana, algodón, lino y seda suficientes para vestir a cada persona en el mundo de una forma más selecta de la que utilizó el rey Salomón en toda su gloria. Con esto quiero que entiendas que hay abundancia por todas partes y que no falta de nada para que vivamos con todos los lujos que queramos.

El abastecimiento visible es prácticamente inagotable; y el suministro invisible ES REALMENTE INAGOTABLE.

Todo lo que ves sobre la tierra está hecho de una Sustancia Original de la cual proceden todas las cosas. Continuamente se crean nuevas formas, y se disuelven las viejas; pero todas ellas proceden de un elemento único.

No hay límites en el abastecimiento de la materia sin forma o sustancia original. El universo está hecho de ella; pero no fue usada íntegramente en su creación. Los espacios en, a través de y entre las formas visibles del universo están empapados y repletos con la sustancia original, de materia sin forma, de la materia prima de todas las cosas. Podría hacerse todavía diez mil veces más de todo lo que se ha hecho, e incluso así, no acabaríamos el suministro de materia prima universal.

Por lo tanto, ningún hombre es pobre porque su naturaleza sea pobre, o porque no haya suficiente para todos.

La naturaleza es como un interminable depósito de riquezas; el suministro nunca escasea. La sustancia original está viva de energía creativa, y está constantemente produciendo más formas. Cuando el abastecimiento de los materiales de construcción se agote, se producirá más; cuando el suelo se agote y los alimentos y los materiales para nuestras vestimentas dejen de crecer sobre esa tierra yerma, se renovarán o más tierra se creará. Cuando todo el oro y la plata se haya excavado, y el hombre esté todavía en una etapa tal de desarrollo social que necesite dichos elementos, se elaborará más a partir de la Materia Informe. La Materia sin Forma

responde a las necesidades del hombre; no
lo dejará sin las cosas buenas.

Todo esto es verdad para el hombre como grupo
humano; nuestra raza, en su totalidad, siempre es
abundante y rica, y si las personas son pobres, es
porque no siguen esta "determinada manera" de hacer
las cosas que hacen rico al hombre individual.

**La materia sin forma es inteligente, es materia que
piensa. Está viva y siempre se siente impulsada hacia
más vida**.

Tratar de vivir más y expandirse es el impulso natural e
innato de la vida. Es la naturaleza de la inteligencia y del
conocimiento que busca ampliar sus fronteras y hallar
una expresión más plena. El universo de las formas ha sido
construido por sustancias vivas sin formas, empujándose
a sí mismas dentro de la forma para expresarse en toda
su extensión.

El universo es una gran presencia viva, que siempre
se mueve hacia una vida y un funcionamiento más
completos.

La naturaleza está formada por el avance de la vida, el
motivo que lo propulsa es el aumento de la vida. Por esta
causa, todo lo que tenga la posibilidad de proporcionar
vida, la otorga generosamente. No puede haber carencia
alguna a menos que Dios se contradiga a sí mismo y
anule su propia labor.

**Tú no eres pobre por carencia en el suministro de las
riquezas**; esto es un hecho que demostraré un poco más
adelante, dejándote bien claro que hasta los recursos en

el suministro de la Materia sin Forma están al mando del hombre y la mujer que actúa y piensa de una "determinada manera".

CAPÍTULO 4

El primer principio para la ciencia de hacerse rico

"El pensamiento crea cosas en el mundo real."

El pensamiento es el único poder que puede producir riquezas palpables a partir de la Sustancia sin Forma.

La materia de la cual están hechas todas las cosas es una Sustancia Pensante. El pensamiento inteligente de esta sustancia produce la forma. Queremos decir con esto que **la materia es creada por el simple hecho de ser pensada. El pensamiento crea la vida**.

La Sustancia Original, o Sustancia sin Forma, se mueve acorde a los pensamientos; cada forma y proceso de lo que ves en la naturaleza es la expresión visible de un pensamiento en la Sustancia Original. Cuando la Materia sin Forma piensa en una forma, la asume; cuando piensa en un movimiento, lo hace. Así es como todas las cosas fueron creadas. **Vivimos en un mundo de pensamientos,**

que es parte del universo de pensamientos. Todo pensamiento que producimos y mantenemos en el tiempo, da origen a la creación de la forma, produciendo unas líneas de acción y crecimiento establecidos.

Si el pensamiento de una casa, o de una construcción determinada, fuera impreso en la Sustancia sin Forma, no podría originar la formación inmediata de la casa; pero causaría un giro de las energías creativas que afectarían a la industria de la construcción y acabarían dando como resultado la rápida edificación de dicha casa. Y si no existiesen canales a través de los cuales la energía creativa pudiera trabajar, entonces la casa se formaría directamente de la sustancia principal, sin esperar los lentos procesos del mundo orgánico e inorgánico.

Ningún pensamiento en una forma puede imprimirse en la Sustancia Original sin causar la creación de la forma.

El hombre es un centro pensante y puede originar pensamiento. Todas las formas que el hombre modela con sus manos deben existir primero en su pensamiento; no puede darle forma a una cosa sin haberla pensado con anterioridad.

Sin Embargo, hasta ahora el hombre ha limitado sus esfuerzos por entero a la obra de sus manos; ha aplicado el trabajo manual al mundo de las formas, procurando cambiar o modificar las ya existentes. Nunca ha tratado de realizar la creación de nuevas formas mediante la impresión de sus pensamientos sobre la Sustancia sin Forma.

Cuando el hombre tiene una fuerza de pensamiento, toma el material de la naturaleza, y produce una imagen de la forma que está en su mente. Hasta ahora ha hecho poco o ningún esfuerzo para cooperar con la Inteligencia sin Forma y trabajar "con el Padre". No ha soñado que puede hacer lo que ha visto hacer al Padre. El hombre remodela y modifica formas existentes a través del trabajo manual; no ha prestado atención a la pregunta de si puede o no producir objetos a partir de la Sustancia sin Forma comunicando sus pensamientos. Pretendemos probar que puede hacerlo, demostrar que cualquier hombre o mujer puede hacerlo, y mostrar cómo. Establecemos tres proposiciones fundamentales:

Primero aceptamos que existe una Materia sin Forma original, o sustancia, de la cual han sido hechas todas las cosas. Todos los demás elementos no son sino diferentes presentaciones de un único elemento original; la mayoría de las formas encontradas en la naturaleza orgánica e inorgánica no son sino formas diferentes, hechas de la misma materia. Y esta materia es pensante; un pensamiento contenido en ella produce la forma del pensamiento. El pensamiento en la sustancia pensante, produce las formas. **El hombre es un centro del pensamiento, capaz de pensamientos originales; si el hombre puede comunicar sus pensamiento a la sustancia pensante original, puede provocar la creación, o formación de las cosas en las que piensa**.

En resumen:

1) Existe una materia pensante o sustancia inteligente de la cual están hechas todas

las cosas, y que, en su estado original, impregna, penetra y ocupa los espacios del universo.

2) Un pensamiento sobre esta sustancia produce las cosas que el pensamiento imagina.

3) El hombre puede crear cosas en su pensamiento, y grabar su idea sobre la Sustancia sin Forma o Universo, y así dar vida a las cosas que piensa deben ser creadas.

Te preguntarás si puedo probar estas afirmaciones, y sin entrar en detalles, te respondo que puedo hacerlo, por medio de la lógica y de la experiencia.

Razonando y retrocediendo hacia los fenómenos de la forma y el pensamiento, llego a la única sustancia original pensante; sigo argumentando a partir de esta sustancia original, y llego hasta el poder del hombre para crear la formación de las cosas en las que piensa.

Y por medio de la experimentación, encuentro el verdadero razonamiento. Ésta es mi prueba más sólida.

Si un hombre que lea este libro se hace rico haciendo lo que se le dice que haga, ello es una prueba en apoyo a mi afirmación; pero si todas aquellas personas que lo lean, y sigan las pautas aquí dadas, se hacen ricos, esto es una prueba tajante y positiva hasta que alguien pase por todo el proceso y falle. **La teoría es verdadera hasta que el proceso falla y se demuestra lo contrario. Y este**

LA CIENCIA DE HACERSE RICO

proceso no fracasará. Si todo lector hace exactamente lo que este libro le dice que haga, se hará rico.

He dicho que los hombres se enriquecen haciendo las cosas de una "determinada manera"; y para hacerlo así, deben ser capaces de pensar de una manera concreta.

La forma en que un hombre hace las cosas, es el resultado directo del modo en que las piensa.

Para hacer las cosas de la manera que las quieres hacer, o sea, de esa manera que te garantice los resultados que tú estás buscando, tendrás que adquirir la capacidad de razonar cuál es la mejor forma de pensar para lograr tu propósito; ÉSTE ES EL PRIMER PASO PARA HACERTE RICO.

Pensar lo que quieres pensar, independientemente de las apariencias y las circunstancias que te rodean, **es creer en la VERDAD**.

Todo hombre tiene el poder natural e inherente de pensar en lo que quiera, pero requiere mucho más esfuerzo pensar positivamente que pensar en los planteamientos que le son sugeridos por las apariencias y las circunstancias actuales. O lo que es lo mismo, es más fácil dejarse llevar por los malos pensamientos que nos han llevado a la realidad de la que queremos huir. Pensar acorde a la realidad actual es fácil; en cambio, pensar la verdad sin tener en cuenta las apariencias es laborioso, y requiere más gasto de energía que cualquier otro trabajo que el hombre este llamado a realizar.

No hay trabajo del cual la mayoría de las personas huyan con más facilidad como el del pensamiento sostenido y consecutivo. Éste es el trabajo más duro del mundo. Esto es cierto cuando la verdad es contraria a las apariencias y circunstancias actuales. Toda apariencia en el mundo visible procura producir una forma correspondiente en la mente que la observa; y esto sólo puede evitarse mediante el pensamiento de la VERDAD. Por eso debemos obligarnos a pensar acorde con aquello que queremos crear y conseguir. Tiene que haber un compromiso inquebrantable con el pensamiento de la VERDAD.

Considerar una enfermedad como real, producirá la imagen de la enfermedad en tu mente, y por último en tu cuerpo, a menos que tú mantengas la idea de la verdad; que no hay ninguna enfermedad; es sólo una apariencia, y la realidad es la salud.

Pensar en la pobreza producirá imágenes correspondientes en tu propia mente, a menos que te atengas a la verdad de que no hay pobreza; de que sólo existe la abundancia.

Pensar en la salud cuando estás rodeado por circunstancias que indican enfermedades, o pensar en la riqueza cuando estás en medio de apariencias que denotan penuria, requiere energía; pero quien adquiera esta fuerza se convierte en una

MENTE MAESTRA que puede conquistar su destino; y conseguir todo lo que anhela.

Este poder únicamente se consigue apoderándose del hecho básico que está detrás de todas las apariencias; y el hecho es que hay una Sustancia Pensante, de la cual y por la cual todas las cosas son creadas.

Por tanto, debemos agarrarnos a la verdad de que cada pensamiento sostenido en esta sustancia se convierte en una forma, y que el hombre puede grabar sus pensamientos sobre ella y de este modo darles forma y convertirlos en cosas visibles.

Cuando nos damos cuenta de esto, nos liberamos de toda duda o temor, porque sabemos que podemos crear lo que queramos; podemos conseguir lo que queramos tener, y convertirnos en lo que queramos ser. Como un primer paso para hacerte rico, debes creer en las tres afirmaciones fundamentales mencionadas previamente en este capítulo; y con el fin de recalcarlas, las repito aquí:

1) Existe una materia pensante de la cual están hechas todas las cosas, y que, en su estado original impregna, penetra y ocupa los espacios del universo.

2) Un pensamiento sobre esta sustancia, crea las cosas que representa el pensamiento.

3) El hombre puede crear cosas en su pensamiento, y grabar su idea en la

Sustancia sin Forma, y así formar las cosas que piensa que deben ser creadas.

Debes dejar a un lado todos los demás conceptos del universo diferentes al de este criterio del monismo; y debes insistir sobre esto hasta que se fije en tu mente, y se convierta en tu pensamiento habitual. **Lee estas declaraciones de fe una y otra vez; fija cada palabra en tu memoria, y reflexiona sobre ellas hasta que creas firmemente lo que dicen. Si tienes alguna duda, apártala como si fuera un pecado**. No escuches argumentos contrarios a esta idea; no acudas a seminarios o conferencias donde enseñen o prediquen un concepto contrario. No leas revistas o libros que te enseñen una idea diferente; ya que si confundes tu fe, todos tus esfuerzos serán en vano.

No preguntes por qué son verdaderas estas afirmaciones, ni especules en cuanto a cómo pueden ser ciertas; simplemente tómalas con confianza. Cree en ellas.

La ciencia de hacerse rico empieza con la aceptación absoluta de esta fe.

CAPÍTULO 5

La expansión de la vida

"El universo desea que tú tengas todo lo que quieras."

Debes deshacerte de los últimos vestigios de la vieja idea de que existe un Dios cuya voluntad es que seas pobre, o cuyos propósitos sirven para mantenerte en la pobreza.

La Sustancia Inteligente que es todo y está en todo, que vive en todo y vive en ti, es una Sustancia Viva y Consciente. Siendo una sustancia viva y consciente, debe tener la naturaleza y el deseo inherente de toda inteligencia viviente para el incremento de la vida. Cada elemento vivo debe buscar continuamente el engrandecimiento de su vida, porque la vida, por el mero acto de vivir, debe incrementarse a sí misma.

Una semilla que ha caído sobre la tierra inicia su actividad, y en el acto de vivir, produce cientos de semillas más. La vida, al vivir, se multiplica. Siempre se transforma cada vez más; debe hacerlo así mientras continúe existiendo. **La inteligencia está sometida a la necesidad de continuo crecimiento**. Cada pensamiento que concebimos se hace necesario para que pensemos otro pensamiento. El conocimiento se expande continuamente. Cada hecho que aprendemos nos conduce al aprendizaje de otro hecho; el conocimiento se incrementa continuamente. Cada talento que cultivamos nos motiva a cultivar otro talento; estamos sujetos al impulso de la vida, a mejorar nuestros conocimientos, lo que siempre nos conduce a saber más, a hacer más y a ser más.

Para saber más, hacer más y ser más, debemos tener más; debemos tener cosas para usar, para aprender y hacer, y para convertirnos en aquello que anhelamos solamente usando cosas. Debemos hacernos ricos, de modo que podamos vivir más.

El deseo de riqueza es simplemente la capacidad de una vida más amplia que busca desarrollarse; cada deseo es el esfuerzo de una posibilidad no expresada para entrar en acción. Es el poder buscando manifestar lo que causa el deseo. **Eso que hace que quieras más dinero es lo mismo que hace crecer la planta; es la vida en búsqueda de una vida más plena**.

La Sustancia Única viviente está sometida a esta ley innata a toda vida; está impregnada con el deseo de vivir más; es por eso que está en la necesidad de crear cosas. La Sustancia Única desea vivir más en ti; por lo tanto quiere que tú tengas todas las cosas que puedas usar.

El deseo de Dios es que tú seas rico. Él quiere que seas rico porque se puede expresar mejor a través de ti, si tienes suficientes cosas para usar con el propósito de darle expresión. Él puede vivir más en ti si tienes un dominio ilimitado del significado de la vida.

El universo desea que tú tengas todo lo que quieras. La naturaleza se muestra amistosa con tus planes. **Todo es para ti**.

Hazte a la idea de que esto es verdad.

Sin embargo, es esencial que tu propósito esté en armonía con el propósito que está en Todo.

Debes desear una vida auténtica, no sólo el placer de la satisfacción sensual. La vida es la realización de las funciones; y el individuo realmente vive sólo cuando realiza cada función, física, mental y espiritual, de las cuales es capaz, sin hacerlo en exceso.

No quieres hacerte rico para vivir codiciosamente, ni para satisfacer tus deseos animales; esa no es la vida. Pero el desarrollo de cada función física es parte de la vida, y nadie vive completamente si niega los impulsos de su cuerpo como una expresión normal y saludable.

No quieres hacerte rico solamente para disfrutar de placeres mentales, adquirir conocimiento, satisfacer ambiciones, eclipsar a los demás o ser famoso. Todo esto es una parte legítima de la vida, pero el hombre que vive exclusivamente para los placeres del intelecto tendrá únicamente una vida parcial; y nunca estará del todo satisfecho con su suerte.

No quieres hacerte rico solamente para el bien de los demás, perderte por la salvación de la humanidad, para experimentar la alegría de la filantropía y el sacrificio. Las alegrías del alma son sólo una parte de la vida; y no son mejores o más nobles que cualquier otra parte de ella.

Quieres hacerte rico para poder alimentarte, beber y regocijarte de felicidad cuando sea el momento de hacer esas cosas; también para rodearte de cosas hermosas, viajar y conocer mundo, alimentar tu mente y desarrollar tu intelecto, para que puedas amar al ser humano y hacer cosas placenteras, y ser capaz de desempeñar un buen papel ayudando al mundo a encontrar su verdad. Para eso debes ser rico.

Pero recuerda que el altruismo extremo no es mejor ni más noble que el egoísmo extremo; ambos son errores.

Deshazte de la idea de que Dios quiere que te sacrifiques por los demás, y que puedes asegurarte su aprobación haciéndolo de este modo. Dios no pretende nada de eso.

Lo que Él desea es que puedas sacar el máximo provecho de ti mismo, por ti mismo, y por los demás; y así podrás ayudar más a los demás, preparándote y dando lo mejor de ti mismo que de cualquier otro modo.

Únicamente puedes crear la mejor versión de ti mismo haciéndote rico; por lo que es correcto y loable que des tu primer y mejor pensamiento a la labor de adquirir riqueza.

Sin embargo, recuerda, que el deseo de la Sustancia es para todos, y sus movimientos deben ser para dar más vida a todos; no se la puede emplear para que alguien tenga menos vida; porque está igualmente en todos, buscando riqueza y vida.

La Sustancia Inteligente hará las cosas por ti, no se las quitará a otra persona y te las dará a ti.

Debes deshacerte del pensamiento de competición. Estás para crear, no para competir con lo que ya está creado.

No tienes que quitarle nada a nadie.

No tienes que dirigir negocios complicados o deshonestos.

No tienes que engañar, o aprovecharte de nadie. No hay necesidad de que ningún hombre trabaje para ti por menos de lo que se merece.

No tienes que codiciar los bienes ajenos, o mirarlos con deseo; ningún hombre tiene algo que no puedas tener tú, y no necesitas quitarle a los demás eso que deseas poseer.

Debes convertirte en un creador, no en un competidor; vas a conseguir lo que deseas, pero de tal manera que cuando lo consigas cada hombre tendrá más de lo que tiene ahora.

Soy consciente de que existen hombres que consiguen una gran cantidad de dinero procediendo de un modo diferente a la filosofía del párrafo anterior, y puedo decir algunas palabras al respecto. Hombres del tipo plutocrático que llegan a ser muy ricos, a veces lo logran únicamente por su extraordinaria habilidad competitiva; y algunas veces, inconscientemente, se relacionan con la sustancia en sus grandes propósitos y movimientos para el desarrollo de la humanidad en general por medio de la evolución industrial. Rockefeller, Carnegie, Trump, y otros han sido los agentes inconscientes del Supremo en la necesaria labor de sistematizar y organizar la industria productiva; y al final, su labor contribuirá inmensamente hacia el aumento de la vida de todos. Pero sus días se han terminado; han organizado la producción, y pronto les reemplazaran los agentes de la multitud, que organizarán la maquinaria de la distribución.

Los multimillonarios son como los reptiles monstruosos de la era prehistórica; desempeñan un papel necesario en el proceso evolutivo, pero el mismo poder que los produjo los exterminará. Está bien tener en mente que nunca han sido realmente ricos; un registro de la vida privada de la mayoría de esta clase demostrará que han sido realmente los más miserables y desdichados de los pobres.

La riqueza que consigues en el plano competitivo nunca es satisfactoria ni permanente; hoy son tuyas, mañana de otros. Recuerda, si quieres hacerte rico de una manera correcta y científica, debes desechar por completo el pensamiento competitivo. Nunca pienses ni por un momento que el suministro es limitado.

Tan pronto como tú empieces a pensar que todo el dinero está siendo "acumulado" y controlado por los propietarios de bancos y demás instituciones, y que debes esforzarte por conseguir leyes avaladas que detengan ese proceso, en ese momento caerás en la mente competitiva, y tu poder para provocar creación desaparecerá por el momento, y lo que es peor, probablemente detendrás los movimientos creativos que ya has iniciado.

Debes saber que existen incontables millones de dólares en oro en las montañas de la tierra, que aún no han sido descubiertos; y debes saber además, que si no lo hubiera, sería creado por la Sustancia Pensante para abastecer tus necesidades.

Debes saber que el dinero que necesitas, vendrá, incluso si fuese necesario que el día de mañana mil hombres fueran conducidos al descubrimiento de nuevas minas de oro, o cualquier otra materia prima, que te proporcionase todo el dinero necesario.

Nunca mires el abastecimiento visible; observa siempre las riquezas ilimitadas de la sustancia sin forma; y sabes que vendrán hacia ti tan pronto como puedas recibirlas y utilizarlas. Nadie que acapare el abastecimiento visible, puede impedirte obtener lo que es tuyo.

De modo que, nunca te permitas pensar por un instante que los mejores lugares de construcción serán ocupados antes de que estés listos para construir tu casa, a menos que te des prisa. Nunca te preocupes por las multinacionales y los grandes monopolios, y te pongas ansioso por el temor de que vendrán pronto y se adueñarán del mundo entero. Nunca temas perder lo que quieres porque alguien "se te anticipe". Eso no puede suceder; no estás buscando nada que le pertenezca a otra persona; tú concibes lo que quieres que sea creado por la Sustancia sin Forma, y el abastecimiento ilimitado te llegará.

Suscríbete a estas afirmaciones:

1) Existe una materia pensante de la cual están hechas todas las cosas, y que, en su estado original impregna, penetra y ocupa los espacios del universo.

2) Un pensamiento sobre esta sustancia, produce las cosas que el pensamiento imagina.

3) El hombre puede crear cosas en su pensamiento, y grabar su idea sobre la Sustancia sin Forma, y así dar vida a las cosas que piensa deben ser creadas.

CAPÍTULO 6

Cómo te llegan las riquezas

"Reclama lo que quieres como si ya fuese tuyo."

Cuando digo que no tienes que dirigir negocios complicados, no quiero decir que no hagas ninguno en absoluto, o que estés por encima de las necesidades de tener tratos comerciales con tus semejantes. Lo que quiero decir es que no necesitarás negociar con ellos injustamente, ni tendrás que conseguir algo a cambio de nada, sino que puedes ofrecerle a cada hombre más de lo que recibes de ellos.

No puedes ofrecer a cada persona, dentro del valor monetario de mercado, más de lo que consigues de él, pero sí que puedes darle un valor de uso mayor del precio monetario que obtienes. Te lo explico con un ejemplo, para que lo entiendas: el papel, la tinta, y los demás materiales utilizados en este libro puede que no valgan la cantidad de dinero que pagaste por él, pero si las ideas que aquí se dan te ayudan a producir miles de dólares, no habrás sido estafado por los que te lo vendieron; sino todo lo contrario; ellos te habrán dado un gran valor de uso a cambio de un pequeño valor monetario. ¿No es cierto?

Supongamos que yo poseo un cuadro de un gran artista, que está valorado en miles de dólares. Lo llevo a una galería de arte y sólo por mi capacidad de venta, logro que un esquimal me lo cambie por un paquete de pieles valoradas en 500.00 dólares. En realidad, lo he engañado, porque el nativo no le dará ningún uso al cuadro, no tiene valor de uso para él y no contribuirá en nada a su vida.

Pero, supongamos que yo le doy un arma valorada en 25.000 dólares por sus pieles, entonces ha hecho un buen trato. Él le dará un uso a su arma y conseguirá muchas más pieles y comida; aportará buenas cosas a su vida en todos los sentidos, le hará rico.

Cuando pasas del nivel competitivo al creativo, puedes realizar tus transacciones comerciales con mucha más exactitud, y si estás vendiendo a cualquier persona algo que no aporta más a su vida de lo que él te dé a cambio, puedes permitirte el lujo de no ejecutar la transacción. No lo hagas, no realices el intercambio, no tienes que ganarle a nadie en los negocios. **Y si estás en un negocio que destruye a la gente, sal de ahí inmediatamente**.

Dale a cada hombre un valor de uso mayor que lo que tomas de él en valor monetario; así, en cada transacción comercial, estarás aportando más a la vida del planeta.

Puedes trabajar para que tu negocio realice por tus empleados lo que este libro está haciendo por ti. Puedes dirigir tus negocios de modo que sea una especie de escalera, por la que cada empleado que haga un esfuerzo pueda progresar hacia su propia riqueza; y una vez dada la oportunidad, si no lo realiza, entonces no será tu culpa.

Y finalmente, tú serás la causa de la creación de riquezas a través de la Sustancia sin Forma que impregna toda la vida, aunque esto no signifique que dichas riquezas vayan a salir de la nada y las puedas ver ante tus ojos.

No quiero decir que si deseas un televisor nuevo, por ejemplo, vayas a grabar ese pensamiento en la Sustancia Pensante y que ese televisor vaya a aparecer delante de ti, sin que tengas que hacer algo para que eso ocurra. No. Lo que quiero decir es que, si consigues mantener la imagen mental de ese televisor en tu mente, con la más positiva certeza de que está siendo creado y que está de camino hacia ti, ese televisor te llegará de una u otra manera.

Una vez que se forma el pensamiento y tienes la más absoluta e incuestionable fe de que lo que quieres está en camino, nunca pienses o hables de ello de otro modo que no sea, con la total seguridad, de que llegará. Reclámalo como si ya fuese tuyo.

Será atraído hacia ti por el poder de la Inteligencia Suprema, que actúa sobre las mentes de los hombres. Llegará, de una manera u de otra, ocurrirá alguna transacción inesperada o recibirás un regalo o lo que sea, pero el resultado será que tú acabarás obteniendo el objeto de la imagen que hayas conseguido mantener en tu mente.

No olvides nunca que la Sustancia Pensante está en todo, comunicándose con todos y que puede influir en todo. El deseo de la sustancia pensante de una vida más plena y mejor ha causado la creación de todos los televisores que han sido creados en el mundo y puede acarrear la creación de millones más, y así será, siempre que el hombre ponga en marcha su fe y deseo, al actuar de una"manera determinada".

Indudablemente puedes tener en tu casa un televisor nuevo o cualquier otra cosa o cosas que desees, y las utilizarás para el avance de tu propia vida y las vidas de los demás.

No necesitas titubear sobre si realizar grandes peticiones, "Es placer del Padre entregarnos el reino", dijo Jesús.

La Sustancia Original quiere vivir todo lo que sea posible dentro de ti, y quiere que tengas todo lo que puedas o vayas a usar para vivir una vida más abundante.

Una vez vi a un niño pequeño sentado al piano. Intentaba inútilmente sacar algo de melodía a las teclas, y vi que estaba afligido y encolerizado por su incapacidad para reproducir música de verdad. Le pregunté la causa de su enfado y me contestó, "yo siento la música dentro de mí, pero no puedo hacer que mis manos lo hagan correctamente". La música dentro del niño era el

IMPULSO y el ANSIA de la Sustancia Original, que contiene todas las posibilidades de la vida. Toda la música buscaba expresarse a través del niño.

Dios, la Sustancia Única, está tratando de vivir, hacer y disfrutar las cosas a través de la humanidad. Él dice: "Yo quiero manos para construir maravillosas edificaciones, para reproducir armonías divinas, para pintar cuadros; quiero pies para que corran con mis mensajes, ojos para ver mis bellezas, lenguas para que digan verdades poderosas y cantar maravillosas canciones".

Todo lo que existe está buscando expresarse a través de los hombres. Dios quiere que aquellos que pueden tocar música tengan pianos y cualquier otro instrumento, como además los recursos para cultivar sus talentos en la mayor medida posible. Él quiere que quienes pueden apreciar la belleza sean capaces de rodearse de cosas bellas; que quienes pueden percibir la verdad tengan oportunidad de viajar y observar; que quienes puedan estimar la buena ropa, estén maravillosamente vestidos; y que quienes pueden apreciar la buena comida puedan ser alimentados lujosamente.

Dios quiere todas esas cosas porque es Él mismo quien las disfruta y las aprecia; es Él quien quiere tocar, cantar, disfrutar, proclamar la verdad, vestirse con finas ropas y comer buena comida. "Es Dios quien obra en ti para que desees y hagas", dijo Pablo.

El deseo que sientes por las riquezas es lo infinito, ya que Él busca expresarse en ti como cuando trataba de encontrar expresión en un pequeño niño sentado al piano.

Así que, no necesitas dudar sobre si realizar grandes peticiones.

Tu función es focalizar y expresar el deseo de Dios.

Este es un punto difícil para la mayoría de la gente; conservan la vieja idea de que la pobreza y el auto-sacrificio son placenteros para Dios. Consideran que la pobreza forma parte de un plan, que es una necesidad de la naturaleza. Tienen la idea de que Dios terminó su labor, y que hizo todo lo que pudo hacer, que la mayor parte de los hombres deben seguir siendo pobres porque no hay suficiente para todos. Se aferran tanto a este pensamiento erróneo, que se sienten avergonzados de pedir riqueza; tratan de no desear más que una habilidad muy modesta, lo suficiente para hacerlos sentir decentemente cómodos.

Recuerdo ahora el caso de un estudiante a quien le habían dicho que debía tener en mente una clara imagen de las cosas que deseaba, para que el pensamiento creativo de ellas pudiera ser grabado en la Sustancia sin Forma. Era un hombre muy pobre, que vivía en una casa alquilada, y tenía sólo lo que ganaba día a día. Este hombre no pudo comprender el hecho de que toda la riqueza era suya, así que, después de reflexionar sobre el tema, decidió que solo podía pedir una alfombra nueva y calefacción para calentar la casa durante el frío invierno. Siguiendo las instrucciones dadas en este libro, obtuvo las cosas que necesitaba para su casa, y fue entonces cuando planeó todas las mejoras que le gustaría hacer en ella, mentalmente agregó una ventana panorámica aquí y una habitación allá, hasta que construyó en su mente su hogar ideal; luego ideó todo su mobiliario.

Con la imagen completa en su mente, comenzó a vivir de "manera determinada", avanzando hacia lo que deseaba. Ahora es el propietario de la casa, y está reconstruyéndola tras haberla formado antes en su cabeza. Hoy en día, con una fe todavía más grande, continúa consiguiendo cosas más importantes. Lo ha alcanzado conforme a su fe, como lo conseguirás tú y todos los demás.

CAPÍTULO 7

La gratitud

"Cuanto más agradezcamos, más recibiremos."

Las instrucciones dadas en el capítulo anterior llevarán al lector a entender el hecho de que el primer paso para hacerse rico es traspasar la idea de los deseos a la Sustancia sin Forma.

Esto es verdadero, y verás que para hacerlo, se hace necesario que te relaciones con la Inteligencia sin Forma de una manera armónica.

Garantizar esa relación armónica es un asunto de vital y primordial importancia al que daré aquí algo de espacio para su discusión, dándote instrucciones, que si las sigues, te llevarán a la perfecta unidad mental con Dios.

Todo el proceso de reprogramación mental puede resumirse en una palabra: GRATITUD.

En primer lugar: crees que existe una Sustancia Inteligente, de la cual proceden todas las cosas.

En segundo lugar: crees que esa sustancia te concede todo lo que deseas.

Y en tercer lugar: te relacionas con esa sustancia mediante un intenso y profundo sentimiento de gratitud.

Muchas personas que organizan sus vidas correctamente de todas las formas posibles continúan en la pobreza por su falta de gratitud. Han recibido un regalo de Dios y es como si cortaran los cables que los conectan con Él, olvidando su merecido agradecimiento.

Es fácil entender que cuanto más cerca vivamos de la fuente de riqueza, más riqueza recibiremos. Es fácil también comprender que el alma que es siempre de corazón bueno, vive en un contacto más estrecho con Dios que el que nunca lo mira con reconocimiento de gratitud.

A medida que con más agradecimiento fijemos nuestra mente hacia el Supremo, cuando nos llegan cosas buenas, más cosas beneficiosas recibiremos y vendrán más rápidamente. Y la razón es que, la actitud mental de gratitud, dibuja en la mente un contacto más íntimo con la fuente de las que provienen todas las bendiciones.

Si para ti es un nuevo pensamiento el hecho de que la gratitud brinde a toda tu mente una armonía más íntima con las energías creativas del universo, considéralo bien, y verás que es verdad. Las cosas buenas que ya has obtenido te vienen a lo largo de la línea de obediencia a ciertas leyes. La gratitud llevará tu mente por los caminos por los cuales llegan las cosas y te mantendrá en estrecha armonía con el pensamiento creativo y evitará que caigas en el pensamiento competitivo.

Sólo la gratitud puede mantenerte mirando hacia el Todo y te evita que caigas en el error de pensar en el abastecimiento como algo limitado; hacerlo sería fatídico para tus esperanzas.

Existe una ley de gratitud, y es absolutamente necesario que la cumplas, si quieres conseguir los resultados que buscas.

La ley de la gratitud es el principio natural en que la reacción y la acción están siempre equilibradas, manteniendo direcciones opuestas.

El agradecimiento de tu mente cuando alaba al Supremo es una liberación de fuerza; no puede dejar de alcanzar a aquel a quien fue dirigido, y la reacción es un movimiento instantáneo hacia ti.

"Acércate a Dios y Él se acercará a ti", es una explicación de la verdad psicológica.

Y si tu gratitud es fuerte y constante, la reacción de la Sustancia sin Forma será fuerte y constante; y las cosas que quieres siempre se verán atraídas hacia ti.

Fíjate en la actitud de agradecimiento que tomó Jesús. Él siempre parece estar diciendo "Te doy gracias Padre porque siempre me escuchas".

Debes ejercer una constante actitud de agradecimiento porque eso es lo que te mantendrá conectado con el poder.

Pero el valor de la gratitud no consiste solamente en conseguir más bendiciones en el futuro. Sin gratitud no puedes esquivar, por mucho tiempo, el pensamiento de descontento respecto a que las cosas sean como son.

En el momento que permites morar en tu mente ese descontento, comienzas a perder el juicio. Si fijas tu atención en lo corriente, lo ordinario, lo pobre y en lo sórdido y mezquino entonces tu mente toma la forma de esas cosas. Luego transmitirás esas formas o imágenes mentales a lo inmaterial, y lo común, lo pobre, y lo sórdido y mezquino llegará a ti.

Permitir a tu mente morar en lo inferior es hacerse inferior y rodearse con cosas inferiores.

Por otra parte, para fijar tu atención en lo mejor, debes rodearte de lo mejor y convertirte en lo mejor.

El poder creativo que está dentro de nosotros nos hace a imagen y semejanza de aquello a lo que prestamos nuestra atención.

Nosotros somos la Sustancia Pensante, y la sustancia pensante siempre toma la forma de aquello en lo que piensa.

La mente agradecida está constantemente dispuesta a lo mejor; por lo tanto, tiende a convertirse en lo mejor; toma la forma o carácter de lo mejor, y recibirá lo mejor.

También la fe nace de la gratitud. La mente agradecida continuamente espera buenas cosas, y la expectación se convierte en fe. La reacción de la gratitud sobre nuestra propia mente produce la fe; y cada oleada de agradecimiento aumenta la fe. Quien no tenga un sentimiento de gratitud no puede conservar por mucho tiempo una fe viva. Y sin una fe viva no puedes enriquecerte por el método creativo, como veremos en los capítulos siguientes.

Es necesario, por lo tanto, cultivar el hábito de ser agradecido por cada buena cosa que nos llega y dar las gracias continuamente.

Y porque todas las cosas han contribuido a tu progreso, debes incluir todas esas cosas en tu agradecimiento.

No gastes tu tiempo pensando o hablando acerca de las deficiencias o acciones equivocadas de los plutócratas ni confíes en los magnates millonarios. Su organización del mundo ha creado tu oportunidad, todo lo que consigues realmente te viene debido a ellos.

No te quejes con rabia contra los políticos corruptos, si no fuera por ellos caeríamos en la anarquía y tus oportunidades se verían disminuidas.

Dios ha trabajado por mucho tiempo y muy pacientemente para traernos hasta donde estamos en cuanto a la industria y el gobierno, y Él hace perfectamente su trabajo. No existe la menor duda que Él terminará con los plutócratas, magnates de las finanzas, patrones de industria, y políticos tan pronto como se pueda prescindir de ellos, pero mientras tanto, piensa que todos son indispensables. Recuerda que todos ellos están ayudando a organizar las líneas de transmisión con las que te llegará tu riqueza y estarás agradecido a todos ellos. Esto te traerá relaciones armónicas con lo bueno de todas las cosas y todo lo bueno que hay en las cosas avanzará hacia ti.

CAPÍTULO 8

Pensando de una "determinada manera"

"Contempla las cosas que quieres como si realmente estuvieran a tu alrededor todo el tiempo."

Regresa al capítulo 6 y lee de nuevo la historia del hombre que formó una imagen mental de su casa, y obtendrás una idea clara del paso inicial para hacerte rico.

Esta idea debes tenerla muy clara en tu mente antes de proyectarla. Mucha gente fracasa a la hora de reproducirla en la Sustancia Pensante porque tienen un concepto impreciso y confuso de las cosas que desean.

No basta con que tengas un deseo general de riqueza o "de vivir bien"; todo el mundo tiene ese deseo.

No es suficiente que tengas deseos de viajar, de ver cosas nuevas, vivir más, etc. Todo el mundo tiene esos deseos también. Si vas a mandar un email a un amigo, no lo enviarías con las letras en orden alfabético y dejarías que él construyera el mensaje por sí mismo; ni tampoco te llevarías palabras al azar del diccionario. Enviarías una oración coherente; una que tuviera significado.

Cuando intentas reproducir lo que quieres sobre la Sustancia, recuerda que has de hacerlo mediante una afirmación coherente; debes saber lo que quieres y definirlo. No podrás hacerte rico, o estimular el poder creativo, si envías anhelos sin formas y deseos confusos.

Repasa tus deseos al igual que el hombre que describí, aquél que construyó primero la idea de su casa en su mente; imagina simplemente lo que quieres y visualiza una fotografía mental clara de ello, tal y como quieres que se vea cuando lo consigas.

Esa idea mental clara debe estar continuamente en tu mente, como el marino tiene en su mente el puerto hacia el que se dirige; debes mantenerte enfocado hacia ello todo el tiempo. No debes perderla de vista, como el timonel no pierde nunca de vista la brújula.

No es necesario hacer ejercicios de concentración ni que dediques momentos especiales para la oración y la afirmación, ni que entres en proceso de meditación. No hace falta ninguna clase de trucos ocultos. Todas esas cosas son buenas, pero **lo que de verdad necesitas es saber qué es lo que deseas y que lo quieres lo suficiente como para que se quede en tus pensamientos**.

Pasa todo el tiempo libre como te sea posible en la contemplación de tu imagen, pero debes saber que nadie necesita hacer ejercicios para concentrarse en lo que realmente quiere; las cosas que te preocupan son las que realmente requieren el esfuerzo de fijar toda tu atención en ellas.

Por lo tanto, si de verdad quieres hacerte rico, ese deseo será lo suficientemente fuerte como para mantener tus pensamientos orientados a tu propósito, como el polo magnético que sostiene la aguja de la brújula y siempre la dirige al norte.

Los métodos aquí expuestos son para gente cuyo deseo de riqueza es tan grande como para superar la pereza mental y el amor a lo cómodo y hacer que todo funcione en su justa medida.

Cuanto más clara y definida realices tu imagen, y cuanto más insistas en ella, llevando a cabo todos sus encantadores detalles, tu deseo será más fuerte; y cuanto más fuerte sea tu deseo, más fácil será que permanezca en tu mente esa imagen fija de lo que quieres.

Sin embargo, se necesita algo más que ver la imagen con claridad. Si eso es todo lo que haces, eres únicamente un soñador, y tendrás poco o ningún poder para que se realice.

Detrás de tu clara visión, debes tener el propósito de realizarla; de hacer que se cumpla y se convierta en realidad. Y detrás de esta intención, debes tener una FE invencible e inquebrantable de que lo que ves en tu mente ya tuyo, está "al alcance de tu mano" y que solo tienes que tomar posesión de ello.

Mentalmente, vive en la casa nueva, con el televisor nuevo que quieres, con tu nuevo trabajo, con tu nueva pareja, con aquello que realmente quieras y hazlo hasta que se convierta en una realidad en tu vida. ¡Disfruta de aquello que deseas antes de que te venga a la realidad física!

Jesús dijo, " todo lo que pidiereis cuando oréis, creed que lo recibiréis, y os será concedido".

Contempla las cosas que quieres como si realmente estuvieran a tu alrededor todo el tiempo; mírate a ti mismo como su dueño y usándolas. Úsalas en tu imaginación al igual que las usarías si fueran tus posesiones reales. Céntrate en tu imagen mental hasta que sea clara y visible, y luego toma la Actitud Mental de Propietario de todo lo que haya en ella. Toma posesión de ella, en la mente, en la plena confianza de que es realmente tuyo. Sostén en esa actitud mental; no vaciles ni por un instante en la fe de que esto es real.

Y recuerda lo que dijimos en el capítulo anterior sobre la gratitud; sé agradecido por ello en todo momento, tanto como esperas estarlo cuando haya tomado forma. El hombre que puede agradecer sinceramente a Dios por las cosas que posee, aunque sólo sea en su imaginación, tiene fe verdadera. Llegará a enriquecerse; y provocará la creación de todo lo que quiere.

No necesitas orar repetidamente por las cosas que deseas; no es necesario recordárselo a Dios todos los días.

"No uséis vanas repeticiones, como los gentiles", dijo Jesús a sus discípulos, "porque vuestro Padre sabe de las cosas que tenéis necesidad antes que vosotros le pidáis".

Tu parte del trato es formular de una manera inteligente el deseo de las cosas que quieres para hacer tu vida más duradera y plena, y conseguir que ese deseo sea coherente en su totalidad.

No crearás esa impresión repitiendo una sucesión de palabras; lo harás manteniendo la visión con el PROPÓSITO inquebrantable de alcanzarlo y con la FE firme de que lo lograrás.

La respuesta a la oración no se ve reflejada en tu fe mientras hablas, sino en tu fe mientras actúas. Lo importante es hacer.

No conmoverás la mente de Dios dedicándole un domingo de oración y olvidándote de Él durante el resto de la semana. No puedes convencerlo tomando algunas horas para ir a tu habitación para orar, si luego apartas de tu mente el asunto hasta que llegue el momento de volver a orar.

Orar es muy bueno y tiene sus efectos, sobre todo en ti mismo, porque aclara tu visión y fortalece tu fe, pero no son tus peticiones las que hacen que consigas lo que quieres. Para hacerte rico no necesitas una "dulce hora de oración", necesitas "orar sin cesar". Y por orar me refiero a empeñarte con tenacidad en tu visión, con el propósito de darle a tu invención una forma sólida e inculcarle una fe inquebrantable en lo estás haciendo. "Cree y recibirás".

Todo esta idea tiene que ver con el hecho de recibir, una vez que has creado de forma clara tu visión. Después, es bueno hacer una declaración oral, dirigiéndote al Supremo con una respetuosa oración. Y desde ese momento debes recibir, en tu mente, lo que has pedido.

Vivir en una nueva casa, vestirte con finas ropas, tener un automóvil nuevo, ir a un viaje o planear con decisión una vida maravillosa para ti. **Piensa y habla de todas las cosas por las que has pedido como si ya te pertenecieran**. Imagínate una situación económica exactamente como la deseas, recréate en la situación y vive todo el tiempo en ese ámbito imaginario y estado económico. Sin embargo, preocúpate de no hacer esto como un simple soñador o un mago, no, aférrate a tu FE de que lo irreal se está creando y a tu propósito de realizarlo, pase lo que pase. Recuerda que es la fe y el propósito en el uso de la imaginación lo que marca la diferencia entre un científico y un soñador. Una vez aprendido esto, es el momento de empezar a profundizar en el uso adecuado de La Voluntad.

CAPÍTULO 9

Cómo usar la Voluntad

"El Universo es amable contigo, y está más deseoso de darte lo que quieres que tú de conseguirlo."

Para aprender sobre cómo hacerte rico de un modo científico, no trates de aplicar tu fuerza de voluntad a nada fuera de ti mismo.

Es un error aplicar tu voluntad a los demás, para conseguir que ellos hagan lo que tú quieres que hagan.

Es un error evidente obligar a las personas mediante el poder mental como lo es forzarlos por medio del poder físico. Si forzar a las personas mediante la fuerza física es reducirlos a la esclavitud, obligarlos por medios mentales es exactamente lo mismo. La única diferencia está en los métodos. Si consigues las cosas de la gente por medio de la fuerza física, es un robo, tomarlas por la fuerza mental es también un robo. No hay ninguna diferencia.

No tienes derecho a usar tu fuerza de voluntad sobre otra persona, incluso si fuera "por su propio bien", puesto que no sabes qué es bueno o malo para esa persona. La ciencia de hacerse rico no exige que apliques tu poder o fuerza a otra persona, de ninguna forma. No existe la menor necesidad de hacerlo. Y en efecto, cualquier intento de usar tu voluntad sobre otros tiende a frustrar tus propósitos.

Tú puedes atraer lo que deseas de forma honesta, por eso no necesitas accionar tu voluntad sobre las cosas para obligarlas a venir hacia ti.

Eso sería tratar de coaccionar a Dios, y también imprudente e inútil, a la vez que irreverente.

No tienes que obligar a Dios a darte cosas buenas, no necesitas usar tu fuerza de voluntad para que salga el sol y hacer que brille en tu vida.

No tienes que usar tu fuerza de voluntad para vencer cualquier deidad poco amistosa, ni dejar que fuerzas obstinadas y rebeldes pujen para alcanzar tus deseos.

El Universo es amable contigo, y está más deseoso de darte lo que quieres que tú de conseguirlo.

Para hacerte rico, necesitas únicamente usar tu fuerza de voluntad sobre ti mismo.

Cuando sepas qué pensar y hacer, entonces deberás usar tu voluntad para obligarte a ti mismo a hacer las cosas correctamente. Ese es el uso legítimo de la voluntad para conseguir lo que quieres. Úsala para aferrarte y encaminarte en el camino correcto. Usa tu voluntad para mantenerte pensando y actuando de una "determinada manera".

No trates de proyectar tu voluntad, tus pensamientos o tu mente hacia el espacio para "actuar" sobre las cosas o las personas. Mantén tu mente enfocado en ti, en tu casa mental; puedes lograr más en ella que en cualquier otro lugar.

Usa tu mente para formar una imagen de lo que quieres y sostén esa visión con fe e intención; y usa tu voluntad para mantener tu mente trabajando en la Manera Correcta.

Cuanto más firmes y continuas sean tu fe y tu intención de propósito, más rápidamente conseguirás enriquecerte, porque harás únicamente impresiones positivas sobre la Sustancia; y no las neutralizarás o alejarás con impresiones negativas.

La imagen de tus deseos, mantenida con fe y determinación, será absorbida por lo inmaterial, y se esparcirá a grandes distancias sobre todo el universo.

A medida que esta impresión se expande, todas las cosas se ponen en movimiento hacia su realización; cada cosa viva, cada cosa inanimada, y las cosas que aún no han sido creadas, son inducidas a convertirse en aquello que deseas. Todas las fuerzas empiezan a ser guiadas en esa dirección; todas las cosas empiezan a moverse hacia ti. Las mentes de las personas, en todas partes, están influenciadas para hacer las cosas necesarias para el cumplimiento de tus deseos y trabajan para ti, inconscientemente.

No obstante, puedes comprobarlo empezando por crear una impresión negativa en la Sustancia sin Forma. La Duda o la incredulidad empezarán a alejar de ti esas cosas que anhelas, como la fe y la voluntad pueden acercarte. El no entender esto, origina que la mayoría de las personas que tratan de hacer uso de la ciencia mental para hacerse ricos, fracasen. Cada hora y momento que gastas escuchando dudas y miedos, cada hora que estás preocupado, cada hora en la que imprimes en tu alma la desconfianza y la incredulidad, se establece una corriente que te aleja del completo dominio de la Sustancia Inteligente, y por lo tanto, de las cosas que deseas tener. El Reino de los Cielos está en los que creen, y solo en ellos.

Ya que la fe es lo más importante, ésta será la que te ayudará a guardar tus pensamientos. Y como tus creencias estarán determinadas en gran medida por las cosas que observes y pienses, es importante que le prestes atención y cuides lo que observas y piensas.

Y aquí es donde entra la voluntad en acción; ya que mediante tu voluntad podrás determinar las cosas a las que vas a prestar atención y enfoque.

Si quieres hacerte rico, no debes hacer un estudio de la pobreza.

Las cosas no se traen a la existencia al pensar lo contrario de ellas. La salud nunca se alcanzará sólo estudiando o pensando en la enfermedad; la honradez no se consigue promoviendo el pecado, o estudiando o pensando en él; y nadie jamás se hizo rico estudiando o pensando en la pobreza. Por eso tú no debes hacerlo.

La medicina como ciencia de las enfermedades ha incrementado la enfermedad; la religión como ciencia del pecado ha promovido el pecado, y la economía como estudio de la pobreza llenará el mundo de miseria.

No hables sobre la pobreza; no la investigues, no te preocupes de ella. No importa cuáles son sus causas; no tienes nada que ver con ellas.

Lo que te concierne a ti es la curación.

No gastes tu tiempo en trabajos de caridad, o movimientos de caridad; la caridad únicamente tiende a perpetuar la miseria que se pretende erradicar.

No digo que debas tener un corazón duro o cruel, y negarte a escuchar el grito de la necesidad. No digo eso, quiero que quede bien claro. Lo que digo es que debes tratar de erradicar la pobreza con métodos convencionales. Pon la pobreza detrás de ti, a tus espaldas, así como todo lo que le pertenezca, y "haz el bien".

Hacerte rico es la mejor forma de poder ayudar al necesitado.

No podrás sostener una imagen mental con finalidad de enriquecerte, si llenas tu mente con imágenes de pobreza. No leas libros ni publicaciones que te den cuenta de toda la miseria de los barrios y pueblos, los horrores de de la explotación obrera infantil, etc. No leas nada que llene tu mente con tristes imágenes de necesidad y sufrimiento.

No puedes ayudar al pobre en lo más mínimo, inquietándote sobre esas cosas. Y la amplia difusión del conocimiento de esas penurias no tiende en absoluto a acabar con la pobreza.

> Lo que tiende a acabar con la pobreza no es proyectar imágenes de la pobreza en tu mente, es conseguir imágenes de riqueza en las mentes de los pobres.

No desamparas al pobre en su miseria cuando te niegas a permitirle a tu mente que se llene con esas imágenes. Todo lo contrario.

La pobreza puede ser eliminada, no por el aumento del número de personas ricas que piensan acerca de la pobreza, sino por el aumento del número de personas pobres que se proponen con fe hacerse ricos.

Los pobres no necesitan de la caridad, ellos necesitan inspiración. La caridad sólo les envía una barra de pan para que se mantengan vivos en su miseria, o darles un entretenimiento para hacerles olvidar sus penas por una hora o dos; en cambio, la inspiración les provocará levantarse de su miseria. Si quieres ayudar al pobre, demuéstrales que pueden llegar a ser ricos. Pruébalo haciéndote rico tú mismo.

La única forma de deshacerse de la pobreza de este mundo es conseguir un gran y creciente número de personas que lleven a la práctica de forma continua las enseñanzas de este libro.

A las personas se les debe enseñar a ser ricos por la creación universal, no por la competitividad.

Cada hombre que se hace rico por la competitividad tira al suelo la escalera por la que se eleva, dejando a los demás sin opción de subir. Pero cada persona que se hace rico mediante la creación universal, abre un camino para las miles de personas que le siguen, inspirándolas a seguir su ejemplo.

No estás demostrando un corazón duro o una aptitud insensible cuando rehusas apiadarte de la pobreza o ver, leer, pensar, hablar o escuchar a aquellos que se les llena la boca hablando de ella. **Usa tu fuerza de voluntad para mantener tu mente ALEJADA del tema de la pobreza, y para mantenerla fija en la fe y la determinación CERCANA a la visión de lo que quieres.**

CAPÍTULO 10

Los otros usos de La Voluntad

"La verdad es que no hay tal cosa llamada pobreza, solo existe la riqueza en la naturaleza."

No puedes retener una clara y verdadera visión de la riqueza si estás desviando constantemente tu atención hacia imágenes dañinas, ya sean externas o imaginarias.

No hables sobre los problemas financieros del pasado, si los has tenido, no pienses en ellos para nada. No expliques la pobreza de tus padres, o las dificultades de tus primeros años de vida. Para hacer cualquiera de estas cosas has de alejarte mentalmente de las penurias y entonces comprobarás que todas las cosas se mueven en tu misma dirección.

"Dejad que los muertos entierren a sus muertos", como Jesús dijo.

Pon la pobreza y todo lo que le pertenece detrás de ti, a tus espaldas.

Has de aceptar esta teoría del universo como válida y has de poner todas tus esperanzas de felicidad en esta creencia.

No leas libros de religión que te dicen que el fin del mundo está cerca; tampoco leas los escritos de filósofos pesimistas que te dicen que irás al infierno.

El mundo no se irá al infierno; irá hacia Dios. Es un planeta maravilloso.

Es cierto que puede haber muchas cosas, en las condiciones actuales, que son desagradables; pero ¿cuál sería la razón para querer estudiarlas, si cuando las estudiamos lo único que hacemos es mantenerlas con nosotros? ¿Por qué dedicar tiempo y atención a las cosas que están siendo eliminadas por medio del crecimiento evolutivo, cuando puedes acelerar su eliminación?

No importa cuán horribles puedan parecer las condiciones en algunos países, regiones, o lugares del planeta, tú puedes ser rico en cualquier parte del mundo, siempre y cuando no gastes tu tiempo y destruyas tus propias oportunidades al considerar esas condiciones.

Deberías enfocarte en que todas las personas se hiciesen ricas.

Piensa en las riquezas que se han recibido a lo largo de la historia, en lugar de la pobreza que está creciendo. Ten en cuenta que el único camino que tienes para promover la riqueza universal es hacer crecer tu propia economía de modo creativo y no competitivo.

Presta atención total a las riquezas; ignora la pobreza.

Cada vez que pienses o hables de los pobres, piensa y habla de ellos como los que algún día llegarán a enriquecerse y como aquellos que han de ser felicitados en lugar de recibir lástima. Entonces esas personas se inspirarán y empezarán a buscar una salida.

Como te he dicho, tienes que dar tu tiempo, tu mente y pensamiento por completo a las riquezas, esto no significa que debas ser miserable o mezquino.

Hacerte realmente rico es el más noble objetivo que puedes alcanzar en la vida, ya que incluye todos los demás.

En el plano competitivo, el esfuerzo por hacerte rico, es una lucha inmoral por el poder sobre los demás hombres; pero cuando nos adentramos en la mente creativa, todo eso cambia.

Todo lo que es posible en el camino de la grandeza y el desarrollo del alma, del servicio y el esfuerzo sublime, viene encaminado a hacerte rico.

Si tu salud física es escasa, y consigues fortalecerla, verás que esto repercute en el hecho de hacerte rico. Sólo aquellos que están liberados de preocupaciones financieras, que tienen los medios para llevar una existencia libre de preocupaciones y siguen las prácticas de higiene necesarias, pueden tener y conservar la salud.

La grandeza moral y espiritual sólo es posible para quienes están por encima de la batalla competitiva por la existencia; y únicamente aquellos que llegan a enriquecerse en el plano del pensamiento creativo, son libres de las influencias degradantes de la competencia. Si tu corazón está puesto sobre la felicidad doméstica, recuerda que el amor florece mejor cuando existe esmero, un alto nivel de pensamiento y donde se está libre de influencias corruptas. Y esto lo encontrarás sólo cuando alcances la riqueza mediante el ejercicio del pensamiento creativo, sin luchas o rivalidades.

No puedes aspirar a nada tan grande o noble, te repito, como llegar a ser rico, y debes fijar tu atención en tu imagen mental de las riquezas, con la finalidad de rechazar todo lo que puede tender a oscurecer u ocultar tu visión.

Debes aprender a ver la VERDAD activa y latente en todas las cosas y rechazar todas las posturas diferentes a la Gran y Única Vida encaminada a una expresión más plena y a una felicidad más completa.

La verdad es que no hay tal cosa llamada pobreza, solo existe la riqueza en la naturaleza.

Algunas personas permanecen en la pobreza porque ignoran el hecho de que hay riqueza para ellos. A éstos les puedes enseñar la didáctica del dinero, mostrándoles el camino por medio de tus propias habilidades y de tu persona.

Otros son pobres porque, si bien sienten que pueden encontrar una salida, son demasiados débiles intelectualmente como para hacer el esfuerzo mental necesario para encontrar el camino y atravesarlo. Lo mejor que puedes hacer es despertar en ellos el deseo mostrándoles la felicidad que procede de ser plenamente rico.

Otros son todavía más pobres porque, a pesar de que tienen alguna noción de la ciencia, están tan abrumados y perdidos en el laberinto de la metafísica y en las teorías ocultas que no saben qué camino tomar. Utilizan una mezcolanza de sistemas y fallan en todos. Para ellos, una vez más, lo mejor que puedes hacer es mostrar el método correcto en tu propia persona y experiencia. **Vale más HACER que TEORIZAR**.

Lo mejor que puedes hacer por el mundo entero es alcanzar lo mejor de ti mismo.

No puedes ofrecer mejor servicio a Dios y al hombre que el de hacerte rico de la manera más eficaz, es decir, a través del método creativo y no por el competitivo.

Otra cosa. Afirmo que este libro da en detalle los principios de la ciencia de hacerse rico, y si eso es cierto, no necesitas leer ningún otro libro sobre el tema. Esto puede parecer restringido y egoísta, pero reflexiona sobre esto: no existe otro método científico de cálculo en matemáticas que no sea la suma, la resta, la multiplicación y la división. No hay otro método posible. ¿Cuántas distancias cortas puede haber entre dos puntos? Una. Como también hay una, y solo una forma de pensar científicamente, y esto es trazando sobre el camino la manera más directa y sencilla que nos llevará hacia a la meta. Ningún hombre ha formulado todavía un sistema más sintetizado y menos complejo que el establecido en el presente libro. He eliminado todo lo superficial. Cuando lo empieces, aparta a un lado todos los demás libros y preceptos, expúlsalos de tu mente por completo.

Lee este libro cada día; mantenlo contigo; memorízalo y no pienses en otros sistemas y teorías. Si lo haces, empezarás a tener dudas y a estar inseguro y vacilarás en tu pensamiento. Es entonces cuando aparecen los fallos.

Después de que hayas cumplido y te hayas enriquecido, puedes estudiar tantos sistemas como quieras; pero hasta que estés completamente seguro de que has obtenido lo que quieres, no leas nada sobre el tema excepto este libro, a menos que pertenezcan a los autores mencionados en el prefacio.

Lee solo los comentarios más optimistas sobre las noticias del mundo; los que estén en armonía con tu imagen.

Además, aplaza tus investigaciones de lo oculto. No seas aficionado a la teosofía, espiritualismo o estudios afines. Es muy probable que los muertos aún vivan y estén cerca; pero si lo están, déjalos en paz, preocúpate de tus propios asuntos.

Dondequiera que estén los espíritus de los muertos, tendrán su propio trabajo que hacer y sus propios problemas para resolver; y no tenemos derecho a interferir con ellos. No podemos ayudarlos y es muy dudoso que ellos puedan ayudarnos. Deja a los muertos y al más allá en paz, y resuelve tus propios problemas: ¡hazte rico!

Si empiezas a revolver lo oculto, empezarás a experimentar contracorrientes mentales, lo que sin duda conducirá tus esperanzas al naufragio.

Este capítulo y los anteriores nos han enseñado los siguientes principios de hechos básicos:

1) Existe una materia pensante de la cual están hechas todas las cosas, y que, en su estado original impregna, penetra y ocupa los espacios del universo.

2) Un pensamiento sobre esta sustancia, produce las cosas que el pensamiento imagina.

3) El hombre puede crear cosas en su pensamiento, y grabar su idea en el Universo, y así dar forma, en el mundo real, a las cosas que piensa que deben ser creadas.

4) Para hacerlo, el hombre debe pasar de la mente competitiva a la creativa; debe formar una clara imagen mental de las cosas que quiere y aferrarse a esa imagen en sus pensamientos con el propósito fijo de conseguir lo que desea y la fe inquebrantable de que conseguirá lo que quiere, cerrando su mente contra todo lo que pueda tender a disminuir su objetivo, oscurecer su visión, o apagar su fe.

5) Además de todo esto, el hombre debe
   vivir y actuar de una "determinada
   manera".

CAPÍTULO 11

Actuar de una "determinada manera"

"Con el pensamiento puedes hacer que todo el oro de las montañas sea impulsado hacia ti."

El PENSAMIENTO es la energía creativa.

O la fuerza que provoca el impulso del poder creativo a actuar. Pensar de una "determinada manera" te llevará a las riquezas, pero no debes confiar simplemente en el pensamiento, sin prestar atención a la acción personal. Ése es el elemento que lleva al fracaso a muchos pensadores metafísicos, ya que no unen el pensamiento con la acción personal.

Todavía no hemos alcanzado la etapa del desarrollo evolutivo, aun suponiendo que tal etapa sea posible, en la que el hombre pueda crear directamente desde la Sustancia sin Forma o Universo sin los procesos de la naturaleza, o sin el trabajo de sus manos.

Por medio del pensamiento puedes hacer que el oro del interior de las montañas sea impulsado hacia ti, pero no se extraerá a sí mismo, ni se refinará, o se transformará en moneda por sí mismo o vendrá rodando por las calles buscando el camino hacia tu bolsillo.

Con el poder impulsor del Espíritu Supremo, los asuntos de los hombres estarán tan ordenados que algunos serán llevados a extraer el oro por ti; las transacciones comerciales de otros hombres estarán orientadas para que el oro te llegue. Por eso debes arreglar tus propios asuntos de negocios a fin de que puedas ser capaz de recibirlo, cuando esto ocurra. Tu pensamiento realiza todas las cosas, animadas e inanimadas, trabaja para ofrecerte lo que deseas; pero tu actividad personal, tu acción, debe estar encaminada a ello.

No tienes que tomar lo que te llegue como una caridad, ni robarlo, debes darle a cada hombre más en valor de uso que lo que él te da en valor monetario.

El uso del pensamiento científico consiste en formar una clara y distintiva imagen mental de lo que quieres, aferrándote rápidamente al objetivo de conseguir lo que quieres y darte cuenta, con una fe agradecida, que puedes conseguir lo que deseas.

No trates de "proyectar" tu pensamiento a alguna forma misteriosa u oculta con la idea de que tenga que salir y hacer las cosas por ti; ése es un esfuerzo ineficaz y debilitará tu poder de pensar con cordura.

La acción del pensamiento para enriquecerse está plenamente explicado en los capítulos anteriores.

Debes proyectar toda tu fe y toda tu voluntad a la acción de memorizar positivamente tu imagen de deseo sobre una Sustancia sin Forma o Universo, que tiene TU MISMO DESEO, DE MÁS Y MEJOR VIDA. Es entonces, cuando esta visión que has expandido al infinito establece y desarrolla todas las fuerzas creativas para que trabajen para ti y se conviertan en ACCIÓN PURA.

No es tu labor guiar o supervisar los procesos creativos; todo lo que tienes que hacer es retener tu visión, plantearte tus objetivos, y mantener tu fe y gratitud.

Pero debes actuar de una Manera Determinada, para poder apropiarte de lo que es tuyo cuando te llegue.

Descubre la verdad. Cuando las cosas te lleguen, será por las manos de otros hombres, que te pedirán algo similar por ellas.

Conseguirás lo que es tuyo dando a los demás lo que es de ellos.

Tu cartera no se transformará en una Bolsa Mágica que siempre estará llena de dinero sin ningún esfuerzo por tu parte. No.

Éste es un punto crucial en la ciencia de hacerse rico. Es justo aquí, donde el pensamiento y la acción personal deben entrar en combinación. Existen muchas más personas que, consciente o inconscientemente, ponen las fuerzas creativas en acción mediante la fuerza y la persistencia de sus deseos, pero permanecen siendo pobres porque no están capacitados para recibir las cosas que quieren cuando les llegan.

Por medio del PENSAMIENTO lo que deseas vendrá a ti y por LA ACCIÓN lo recibirás. Y sea cual sea tu acción, debe estar encaminada a actuar AHORA. No puedes actuar en el pasado, por eso es esencial para la claridad de tu visión mental que apartes el pasado de tu mente. Y no puedes actuar en el futuro, porque el futuro no está aquí todavía.

Si ahora no estás en el negocio correcto, o en el mejor ambiente o con las circunstancias adecuadas, no creas que debes posponer la acción hasta conseguir estar en el negocio o ambiente perfecto. No desperdicies tu tiempo presente pensando cuál es el mejor curso a seguir en la resolución de posibles emergencias futuras, ten fe en tu habilidad para hacer frente a cualquier emergencia cuando esta aparezca.

Si actúas en el presente con tu mente puesta en el futuro, tu proceso presente estará con una mente dividida, y no será efectivo.

Pon toda tu mente en la acción PRESENTE.

No entregues tu impulso creativo a la Sustancia Original, para luego sentarte a esperar los resultados. Si lo haces, nunca los conseguirás. Actúa AHORA. No hay otro momento como el ahora, y nunca habrá otro momento como el ahora.

Tu acción, cualquiera que sea, debe desarrollarse en tu negocio o en tu empleo actual y debe estar dirigida hacia las personas y cosas que habitan tu medioambiente HOY.

No puedes actuar donde no estás, no puedes actuar donde no has estado y no puedes actuar donde no vas a estar. PUEDES ACTUAR AQUÍ Y AHORA.

No te vuelvas loco pensando en si el trabajo de ayer estuvo bien hecho o mal hecho. Tampoco trates de hacer ahora el trabajo de mañana, habrá mucho tiempo para hacerlo cuando llegue ese día.

No intentes, a través de medios ocultos o místicos, actuar sobre las personas o cosas que están fuera de tu alcance.

No esperes un cambio en las circunstancias de tu vida antes de actuar, conseguirás ese cambio con la acción consciente. Tranquilo, si haces esto, tus circunstancias actuales cambiarán. Seguro.

Aférrate con fe y voluntad a la visión de ti mismo en el mejor entorno, con las mejores circunstancias posibles, pero actúa sobre tu presente con todo tu corazón, con todas tus fuerzas y con toda tu mente.

No desperdicies tiempo en soñar despierto o construyendo castillos en el aire, sostén la visión clara de lo que quieres y actúa AHORA.

No intentes buscar algo nuevo para hacer, o alguna acción extraña, inusual o extraordinaria para hacerte rico. Es probable que tus acciones, al menos por algún tiempo, serán las mismas que has estado llevando a cabo, pero ahora, realizarás esas acciones de una "determinada manera", con una actitud positiva y un pensamiento mentalmente fuerte, lo que sin duda te hará rico.

Si estás involucrado en algún negocio y sientes que no es el más adecuado para ti, no esperes hasta conseguir otro mejor antes de empezar a actuar. Actúa ya.

No te desanimes, ni te lamentes porque te sientas desorientado, perdido. Ningún hombre estuvo nunca tan perdido que no encontró el lugar preciso, y ningún hombre nunca se involucró tanto en el negocio equivocado, que no pudo entrar en el negocio correcto.

Sostén la visión de ti mismo en el negocio correcto, con el propósito de conseguir entrar en él y con la fe de que lo conseguirás, de que estás introduciéndote en él; pero **ACTÚA en tu realidad actual. Utiliza tu trabajo de hoy como medio para conseguir uno mejor, y usa tus circunstancias actuales para conseguir unas mejores**. Mantén, con fe y voluntad, la imagen de tu negocio o trabajo ideal. El Supremo lo impulsará hacia ti o te impulsará a ti hacia él.

Si eres un empleado y sientes que debes cambiar de lugar de trabajo para conseguir lo que deseas, no "proyectes" tu pensamiento al espacio y confíes únicamente en ello. Te equivocarás en el intento. Mantén la visión de ti mismo en el trabajo perfecto, mientras ACTÚAS con fe e intención en el trabajo que tienes hoy y el resultado será siempre que obtendrás lo que pretendes.

Tu visión y fe pondrán en movimiento la fuerza creativa para conducirla hacia ti, y tu acción provocará que las fuerzas en tu propio entorno te muevan hacia el lugar que quieres.

Lee en voz alta estas VERDADES:

1) Existe una materia pensante de la cual están hechas todas las cosas, y que, en su estado original, impregna, penetra y ocupa los espacios del universo.

2) Un pensamiento sobre esta sustancia, produce las cosas que el pensamiento imagina.

3) El hombre puede crear cosas en su pensamiento, y grabar su idea sobre la Sustancia sin Forma o Universo, y así conseguir dar vida a las cosas que piensa que deben ser creadas.

4) Para hacerlo, el hombre debe pasar de la mente competitiva a la creativa; debe formar una clara imagen mental de las cosas que quiere y aferrarse a esa imagen en sus pensamientos con el propósito fijo de conseguir lo que desea y la fe inquebrantable de que conseguirá lo que quiere, cerrando su mente contra todo lo que pueda tender

a disminuir su objetivo, oscurecer su visión o apagar su fe.

5) El hombre debe recibir lo que quiera en el momento que le llegue, mas debe actuar AHORA sobre las personas y las cosas que habitan su entorno a día de hoy.

CAPÍTULO 12

La acción eficiente

"El poder está a tu servicio y para hacer que cada acto sea eficiente solo tienes que enviar el poder sobre él."

Debes usar tus pensamientos como se te ha indicado en capítulos anteriores, y comenzar a hacer lo que puedas desde donde estés, hoy y ahora.

Sólo puedes avanzar siendo más grande de lo que eres en este momento, y ningún hombre se hace más grande si no cierra etapas y termina todo lo que debe hacer en el sitio en el que está.

> El mundo avanza gracias a los individuos que se superan y hacen que la vida evolucione.

Cada ser humano debe llenar el espacio que ocupa, si esto no se cumple, se produce un retroceso en la sociedad. Todas aquellas personas que no se desarrollan al máximo son una carga muerta para la sociedad, el gobierno, el comercio y la industria, y serán arrastrados por otros ocasionando un enorme gasto. El progreso del mundo se retarda porque aquellos que no llenan los lugares que están sosteniendo, pertenecen a un plano inferior de vida y hacen que la sociedad no avance. La evolución social está guiada por la ley física y la evolución mental. En el mundo animal, la evolución se produce por el exceso de vida.

Cuando un organismo tiene más vida que la que puede expresar en la función de su propio plano, desarrolla los órganos de un plano de vida superior, originándose de esta manera una nueva especie.

Nunca habría existido una nueva especie si no hubiera habido organismos que hubiesen llenado más espacio del disponible en su hábitat. La ley es exactamente la misma para ti; el hacerse rico depende de tu aplicación de este principio a tus propios asuntos económicos.

Cada día es un día de éxito o de fracaso. En los días de éxito consigues lo que quieres. Si cada día es un fracaso, nunca podrás enriquecerte; en cambio, si cada día es un éxito, no podrás fracasar en tu deseo de llegar a ser rico.

Si hay algo que puedes hacer hoy y no lo haces, has fallado en lo que se refiere a ese hecho, y las consecuencias pueden ser más desastrosas de lo que te imaginas.

No puedes prever los resultados incluso del acto más trivial, por eso debes comprender el funcionamiento de todas las fuerzas que se han establecido en el universo y que se mueven en tu nombre. Gran parte puede depender de que lleves a cabo algún acto sencillo, sería algo así como si abrieses la puerta de las oportunidades a posibilidades mucho más grandes. No puedes, ni debes, saber todas las combinaciones que la Inteligencia Suprema está haciendo por ti en el mundo material. Tu descuido o fracaso al hacer esas pequeñas cosas, puede causar un largo retraso en la consecución de tus metas.

Haz, todos los días, TODO lo que tengas que hacer ese día.

Sin embargo, existe una limitación que se debe tener en cuenta. No estás aquí para trabajar en exceso, o correr a ciegas en tu deseo de hacer el mayor número de cosas en el menor tiempo posible.

No estás para tratar de hacer hoy el trabajo de mañana, o tratar de hacer el trabajo de una semana en un día.

Lo importante no es el número de cosas que hagas, sino la EFICIENCIA de cada acción por separado.

Cada acto es, en sí mismo, un éxito o un fracaso.

Cada acto es, en sí mismo, eficiente o ineficaz.

Cada acto ineficiente es un fracaso, y si desperdicias tu vida haciendo actos ineficaces, tu vida entera será un fracaso.

Por otra parte, **cada acto eficiente es un éxito en sí mismo, y si cada acto de tu vida es eficiente, tu vida entera DEBE ser un éxito**.

La causa del fracaso es hacer demasiadas cosas de una manera ineficiente, y no hacer suficientes cosas de un modo efectivo.

Es evidente: si no haces ningún acto ineficaz y haces un número suficiente de actos eficientes, te harás rico. Por tanto, si es posible para ti hacer de cada acto un acto eficaz, verás otra vez que la obtención de riquezas se reduce a una ciencia exacta, como las matemáticas.

Por lo tanto, la pregunta que nos podríamos hacer sería, ¿se puede lograr que cada acto, de forma individual, se convierta en un éxito? Y la respuesta es: sí, naturalmente que se puede hacer. Tú lo lograrás.

Puedes hacer de cada acto un éxito, porque TODO el poder está trabajando contigo y TODO ese poder no puede fallar.

El poder está a tu servicio y para hacer que cada acto sea eficiente sólo tienes que enviar el poder sobre él.

Cada acción es fuerte o débil. Y cuando haces que todas sean fuertes, estás actuando de una "determinada manera", que te hará rico.

Cada acto puede ser fuerte y eficiente si mantienes tu visión mientras lo haces, a la vez que pones todo el poder de tu FE y VOLUNTAD en él.

Es en este tema donde las personas fallan, porque separan el poder mental de la acción personal. Usan el poder de la mente en un lugar y en un tiempo, y actúan en otro lugar y en otro momento. Es por eso que sus actos no son exitosos en sí y muchos de ellos son ineficientes. Pero si todo el PODER entra en cada acto, sin importar cuán sencillo sea, cada acto será un éxito en sí mismo. Y como **cada éxito abre el camino a otros éxitos**, tu progreso hacia lo que deseas y el progreso de lo que quieres para ti, será cada vez más rápido.

Recuerda que la acción exitosa se multiplica. Ya que el deseo de más vida es propio de todo lo vivo, cuando el hombre comienza a moverse hacia una vida más grande, más cosas se unen a él y la influencia de su deseo se multiplica.

Haz, cada día, todo lo que puedas hacer ese día y haz cada acto de una manera eficiente.

Al decir que debes aferrarte a tu visión mientras haces cada acto, por trivial o común que sea, no quiero decir que debas visualizar todo el tiempo hasta el más pequeño detalle. No, lo que debes hacer es dedicar tus horas de ocio a recrearte en tu imaginación, a ver los elementos de tu visión y contemplarlos hasta que estén firmemente fijados en tu memoria. Si deseas resultados más rápidos, te recomiendo que pases todo el tiempo que te sea posible ejecutando esta práctica. Podrás comprobar personalmente su eficacia.

Mediante la contemplación continua conseguirás la imagen de lo que quieres, la fijarás en tu mente y la transferirás a la Sustancia sin Forma o Universo. En tus horas de trabajo bastará con hacer una leve referencia a esa imagen para que logres estimular tu fe y determinación en conseguir tus objetivos. Mientras que en tus horas libres deberías llenar cada hueco de tu ser con la imagen de tu deseo, deberías verlo de una manera tan nítida que te diera la sensación de que se puede tocar. Haciendo esto, llegarás a estar tan entusiasmado que provocarás un estallido de energías en todo tu cuerpo.

Y ahora, permíteme repetir las declaraciones de nuestro plan de estudios, haciendo un ligero cambio de las afirmaciones finales llevándolas al punto que hemos llegado:

1) Existe una materia pensante de la cual están hechas todas las cosas, y que, en su estado original impregna, penetra y ocupa los espacios del universo.

2) Un pensamiento sobre esta sustancia, produce las cosas que el pensamiento imagina.

3) El hombre puede crear cosas en su pensamiento, y grabar su idea en la Sustancia sin Forma o Universo, y así dar vida a las cosas que piensa deben ser creadas.

4) Para hacerlo, el hombre debe pasar de la mente competitiva a la creativa; debe formar una clara imagen mental de las cosas que quiere, y llevar a cabo con fe y voluntad, todo lo que pueda realizar cada día, haciendo cada cosa por separado de manera eficiente.

CAPÍTULO 13

Entrar en el negocio correcto

"Puedes tener éxito en cualquier profesión en la que seas capaz de desarrollar un talento."

El éxito, en cualquier negocio particular, depende de que poseas unas facultades acordes y bien desarrolladas para ese negocio.

Sin una buena facultad musical, nadie puede tener éxito como profesor de música; sin unas facultades bien desarrolladas para la mecánica, nadie puede alcanzar un gran éxito como mecánico; sin tacto en las facultades comerciales, nadie tendrá éxito en actividades mercantiles. Pero poseer unas facultades bien desarrolladas para realizar tu propia vocación, no asegura hacerse rico. Existen músicos que tienen un talento extraordinario, y que todavía continúan siendo pobres. Hay herreros, carpinteros, etc. que tienen excelentes habilidades mecánicas, pero que no se hacen ricos. Y hay comerciantes con buenas facultades para negociar y que, sin embargo, no logran satisfacer sus aspiraciones.

Las diferentes facultades son herramientas y es esencial tener las mejores herramientas, pero es también importante que éstas sean usadas de la Manera Correcta. Un hombre puede tomar una sierra afilada, una escuadra, un buen plano y construir un hermoso mueble. Otro hombre puede tomar las mismas herramientas, ponerse a trabajar para realizar el mismo objeto y dar como resultado una chapuza, porque no sabe cómo usar las buenas herramientas con éxito.

Las distintas facultades de tu mente son las herramientas con que debes hacer el trabajo que te hará rico; será más fácil para ti tener éxito si te dedicas a una labor para la que estás bien preparado.

Hablando en términos generales, obrarás mejor en el negocio donde puedas utilizar tus habilidades más fuertes, aquellas para las cuales estás naturalmente "mejor equipado". Sin embargo, también existen limitaciones para esta afirmación. Ningún hombre debe considerar su vocación como algo fijo, determinado por la tendencia que ha seguido desde su nacimiento.

Puedes hacerte rico en CUALQUIER negocio, porque si no tienes el talento apropiado puedes desarrollarlo; esto significa que tendrás que crear tus herramientas a medida que avanzas, en lugar de limitarte al uso de aquellas con las que naciste.

Será más fácil para ti triunfar en una vocación para la cual ya tienes los talentos bien desarrollados. Sin embargo, PUEDES tener éxito en cualquier profesión para la que puedas desarrollar un talento rudimentario, y no hay talento del que no tengas al menos el rudimento.

Llegarás a enriquecerte más fácilmente, en cuestión de esfuerzo, si haces aquello para lo que estás mejor preparado; pero te harás rico de forma más satisfactoria si realizas lo que QUIERES hacer.

Hacer lo que quieres es vida y no hay satisfacción real si nos vemos obligados a estar siempre haciendo algo que no nos gusta hacer. Y es cierto que puedes lograr lo que quieras, el deseo de llevarlo a cabo es la prueba de que tienes dentro de ti el poder para hacerlo.

El deseo es una manifestación del poder.

El deseo de tocar música es el poder con el que se puede reproducir música buscando la expresión y el desarrollo. El deseo de inventar dispositivos mecánicos es el talento mecánico que busca expresión y desarrollo.

Donde no hay poder, ya sea desarrollado o sub-desarrollado, para hacer una cosa, nunca hay deseo alguno de hacer esa cosa, mientras que donde hay un fuerte deseo de hacer una cosa, está comprobado que hay un gran poder que nos ayudará a conseguir hacerla, solo precisará que lo potenciemos de una "determinada manera".

Todo lo demás es igual. Es mejor seleccionar un negocio para el cual tengas un talento bien desarrollado; pero si tienes un fuerte deseo de participar en una determinada línea de trabajo, debes seleccionar ese trabajo al que aspiras.

Puedes hacer lo que quieras, y es tu derecho y privilegio, seguir el negocio o la vocación que sea más agradable y placentera.

No estás obligado a hacer lo que no te gusta hacer, y no deberías hacerlo, excepto como medio para lograr realizar lo que quieres hacer.

Si existen errores pasados cuyas consecuencias te han puesto en un negocio o un entorno detestable, estarás obligado al menos por algún tiempo a hacer lo que no te gusta, pero puedes hacerlo más agradable sabiendo que ello está haciendo posible que llegues a hacer lo que verdaderamente quieres hacer.

Si sientes que no estás en la vocación apropiada, no actúes demasiado apresurado tratando de lograr entrar en otra. Generalmente, la mejor forma para cambiar de negocio o ambiente es por medio del crecimiento.

No tengas miedo de hacer un cambio repentino y radical si la oportunidad se presenta, y sientes después de una cuidadosa reflexión, que es la oportunidad adecuada. Nunca tomes una medida repentina o radical cuando tengas dudas, no hay prisa alguna en el plano creativo. ¡Y sobran las oportunidades!

Cuando deseches la mente competitiva comprenderás que nunca necesitarás actuar precipitadamente. Nadie más va a toparse con las cosas que quieres hacer, hay suficiente para todos. Si te quitan un sitio, otro mejor se abrirá para ti un poco más adelante, no te preocupes. Cuando tengas dudas, espera. Retrocede a la contemplación de tu visión, incrementa tu fe y determinación. Y por supuesto, en tiempos de duda e indecisión, cultiva la gratitud.

Si pasas unos días contemplando la visión de lo que quieres, con un ferviente agradecimiento de que lo estás consiguiendo, tu mente entrará en una relación tan estrecha con el Supremo que no cometerás errores cuando actúes.

Existe una mente que sabe todo lo que hay que saber, y puedes entrar en estrecha unidad con ella mediante la fe y la voluntad de avanzar en la vida.

Los errores vienen de actuar precipitadamente, o de actuar con miedo o duda. O en el olvido del Método Correcto, y éste significa más vida para todos, más de todo lo bueno para todas las personas y nada de competitividad.

A medida que avanzas de la Manera Determinada, las oportunidades vendrán a ti en un número cada vez mayor. Necesitarás ser muy constante en tu fe y voluntad, y mantenerte en estrecho contacto con la Mente Suprema por medio de la gratitud reverente.

Haz todo lo que puedas de una manera perfecta cada día, pero hazlo sin prisas, preocupación o miedo. Ve tan rápido como puedas, pero nunca con prisas.

Recuerda que en el momento que empiezas a apresurarte, dejas de ser un creador y te conviertes en un competidor; caes en el viejo plano de nuevo.

Cada vez que te encuentres con las prisas, haz una parada en el camino; fija tu atención en la imagen mental de la cosa que quieres, y comienza a dar gracias por lo estás consiguiendo. El ejercicio de la GRATITUD jamás fallará, fortalecerá tu fe y renovará tu propósito.

CAPÍTULO 14

La impresión del crecimiento

*"El deseo de crecimiento es inherente a toda naturaleza,
es el impulso fundamental del universo."*

**Si cambias de vocación o negocio, tus acciones del
presente han de estar relacionadas con el trabajo que
desempeñas ahora.**

Puedes dedicarte al negocio que quieras haciendo un uso
constructivo de la profesión que hoy estás desarrollando,
al hacer tu trabajo diario de una "determinada manera".

Y en la medida en que tu negocio consista en el trato con
otros hombres, ya sea en persona, teléfono o email, tu
pensamiento debe transmitir a sus mentes la impresión
de crecimiento.

El crecimiento es lo que todos los hombres
y mujeres están buscando; es el impulso
de la Inteligencia Suprema dentro de ellos,

en busca de una expresión más plena, rica
y satisfactoria.

**El deseo de crecimiento es inherente a toda naturaleza,
es el impulso fundamental del universo**. Todas las actividades humanas están basadas en el deseo de crecer,
de mejorar, de evolucionar. Las personas buscan más
alimento, más vestimentas, un mejor cobijo, más lujo,
más belleza, más conocimiento, más placer. A mayor
aumento de algo, tendrán más y mejor vida. Así es.

Cada ser viviente está bajo esta necesidad de progreso
continuo, cuando se interrumpe este crecimiento de la
vida, la disolución y la muerte se manifiestan.

El hombre sabe esto instintivamente, y por lo tanto
está siempre en busca de más. Esta ley de crecimiento
perpetuo está reflejada por Jesús en la parábola de los
talentos:

"Porque a todo el que tiene le será dado, y tendrá en
abundancia; pero al que no tiene, aun lo que tiene le
será quitado".

Esto quiere decir que quien siga la norma de la naturaleza
y deseé tener más, consiga más, evolucione y crezca, ése
tendrá todavía más de lo que quiere. Mientras que aquel
que se quede parado y no siga el impulso de crecimiento,
perderá incluso aquello que ya tiene afianzado.

El deseo normal de incrementar la
riqueza no es algo malo o censurable, es
simplemente el deseo de una vida más
abundante y mejor. Es la aspiración natural
de todo ser humano que quiere expresarse

y utiliza todos los medios que le garantiza
la naturaleza para vivir mejor.

Actuando de una "determinada manera", tal y como
se describe a lo largo de este libro, estás creando un
crecimiento continuo en tu vida. Y estás haciendo que
las personas que te rodean se vean beneficiadas por ello.
Tú eres el centro creativo y transmites un crecimiento a
todos.

Has que tener total confianza en esto que te digo y
trasmitir la idea de crecimiento a cada persona con la
que entres en contacto, sea cual sea la transacción que
realicéis. Da igual que pueda ser la venta de un caramelo
a un niño. Lo que tienes que hacer es imprimir la idea
de crecimiento en ese niño, que sepa que le estás dando
todo lo que le puedes dar, que te estás vaciando y
enviando toda tu energía hacia él.

Transmite esta impresión de progreso con todo lo
que hagas, para que todas las personas reciban
inconscientemente la idea de que eres un hombre que
progresa, y que apoyas a todos los que comercializan
contigo para que prosperen como tú lo has hecho.
Incluso a las personas con las que te reúnes de una
forma social, sin ninguna idea de tener ningún tipo de
negocio, y a quienes no tratas de venderles algo, dales
todo lo que haya en ti, hazles ver que son importantes e
imprímeles la idea de crecimiento.

Puedes hacerlo si te aferras a la fe inquebrantable de que
tú, por ti mismo, estás en el camino del desarrollo. Deja
que esa fe te inspire, llene e impregne y que eso se note
en cada acción.

Haz todo lo que haces con la firme convicción de que eres una personalidad en progreso y de que estás haciendo progresar a todos.

Siente que te estás haciendo rico, y que, al hacerlo, estás haciendo ricos a otros, y que das beneficios a todos.

No te jactes ni alardees de tu éxito, o hables de él sin justificación. La verdadera fe nunca es pretenciosa.

Cuando descubres una persona arrogante, encuentras a alguien que es inseguro y desconfiado. Siente la fe y déjala trabajar en cada transacción, deja que cada acto, tono o palabra exprese la tranquila seguridad de que te estás haciendo rico, de que ya eres rico. Las palabras no serán necesarias para comunicar ese sentimiento a los demás, ellos percibirán la sensación de crecimiento cuando estén en tu presencia, y se sentirán atraídos hacia ti otra vez.

Debes impresionar a los demás de manera que sientan que, asociados contigo, conseguirán crecer. Dales un valor de uso superior al valor en efectivo que estás recibiendo de ellos.

Enorgullécete de hacer esto y deja que todo el mundo lo sepa, y seguro no tendrás carencia de clientes. Las personas irán donde se les da ese incremento, ese plus, esa idea de crecimiento. Y el Supremo, que desea el desarrollo en todos, y que sabe todo, impulsará hacia ti a hombres y mujeres de los cuales no habías oído antes. Tus negocios aumentarán rápidamente, y estarás sorprendido de los beneficios inesperados que obtendrás. Día tras día, serás capaz de construir mayores organizaciones, obtener mayores ventajas, y de encaminarte hacia una vocación más agradable, si ese tu deseo.

Nunca debes perder de vista tu visión de lo que quieres, o tu fe y propósito de conseguir lo que quieres.

Permíteme decirte unas palabras sobre los motivos: ten cuidado con la insidiosa tentación de buscar el poder sobre otras personas.

El deseo de gobernar por simple satisfacción egoísta ha sido una de las grandes maldiciones del mundo. Durante incontables épocas, reyes y señores han bañado la tierra con sangre en sus batallas para extender sus dominios. Esto no es buscar más vida para todos, sino luchar por más poder individual.

Hoy en día, el motivo principal en el mundo empresarial e industrial es el mismo, los hombres ordenan sus ejércitos de dólares, y devastan las vidas y los corazones de millones de personas en la misma diabólica lucha por el poder sobre los demás. Los reyes comerciales, como los reyes políticos, están inspirados por el ansia de poder.

Jesús vio en este deseo por dominar, la enfermedad que paraliza al mundo. Él trató de vencerla. Lee el capítulo 23 de Mateo y fíjate cómo Jesús describe la codicia de los fariseos al llamarlos "maestros" que se sientan en los lugares más altos del poder, dominando a los demás e imponiendo cargas sobre las espaldas de los menos afortunados.

Ten cuidado con la tentación de buscar la autoridad, de convertirte en un "maestro", de ser considerado como alguien que está por encima del vulgo, para impresionar a los demás con una exhibición majestuosa.

La mente que busca el dominio sobre los demás es la mente competitiva; y la mente competitiva no es la creativa. Para dominar tu entorno y destino, no es necesario que gobiernes a tus semejantes. Y de hecho, cuando ingresas en la lucha del mundo por conseguir las posiciones más altas, comienzas a ser conquistado por el destino y el entorno, y hacerse rico se convierte en una cuestión de azar y especulación que no dominas.

¡Ten cuidado con la mente competitiva! No puede formularse una afirmación más justa sobre el principio de la acción creativa que la declaración favorita de la última "regla de oro" de Samuel M. Jones: "Lo que quiero para mí, lo quiero para todos".

CAPÍTULO 15

El hombre desarrollado

"No hay nada en tus circunstancias o en la situación económica que pueda condicionarte."

Lo que he dicho en el capítulo anterior se aplica tanto al empresario como al asalariado.

No importa si eres médico, profesor o religioso, si puedes proporcionar un incremento de vida a los demás y sensibilizarlos de este hecho, se sentirán atraídos hacia ti, y te harás rico. El médico que tiene la visión de sí mismo como un gran y exitoso doctor, y que trabaja para la total realización de esa visión con fe y voluntad, como se describe en los capítulos anteriores, entrará en contacto tan estrecho con la Fuente de la Vida que tendrá un éxito extraordinario y los pacientes vendrán a él en multitudes.

Nadie tiene una oportunidad mejor de llevar a cabo la enseñanza de este libro que el profesional de la medicina; no importa a cuál de las diversas escuelas haya pertenecido, ya que el principio de la medicina es común a todas, y esta preparación puede ser alcanzada por todos de la misma manera. El hombre que avanza en la medicina, que se aferra a una imagen mental clara de sí mismo como una persona exitosa, y que obedece las leyes de la fe, la voluntad y la gratitud, curará cada caso curable que atienda, sin importar los recursos que pueda utilizar.

En el campo de la religión, el mundo pide a gritos un clérigo que pueda enseñar a sus oyentes la verdadera ciencia de la vida abundante. El que domina los detalles de la ciencia de hacerse rico, junto con las ciencias aliadas de estar bien, ser grande, y vencer en el amor, y enseña estos detalles desde el púlpito, nunca le faltará una congregación. Éste es el evangelio que el mundo necesita, proporcionará un aumento de vida y los hombres lo oirán con alegría, y darán un apoyo altruista a todos aquellos que lo proclamen.

Lo que necesitamos ahora es una demostración de la ciencia de la vida desde el púlpito. Queremos predicadores que no solamente nos digan cómo hacerlo, sino que nos enseñen cómo lo han logrado. Necesitamos un predicador que se enriquezca, que sea sano, especial y amado, que nos enseñe cómo lograr estas cosas; y cuando éste llegue, encontrará a un gran número de leales seguidores.

Lo mismo ocurre con el profesor o profesora que inspira a los niños mediante la fe y el propósito de avanzar en la vida. Ellos nunca se verán "sin trabajo". Cualquier maestro o maestra que tenga esa fe y voluntad puede transmitírselo a sus alumnos; no puede dejar de dárselo, si es parte de su propia vida y experiencia.

Lo que es valedero para el maestro, predicador o el médico lo es también para el abogado, dentista, programador, agente de seguros, etc. Al fin y al cabo, lo es para todo el mundo.

La acción combinada mental y personal que he descrito es infalible, no puede fallar. Todo hombre y mujer que siga estas instrucciones con constancia y tenacidad, y al pie de la letra se hará rico. La ley del aumento de la vida es tan segura matemáticamente en su operación como lo es la ley de la gravedad; **hacerse rico es una ciencia exacta**.

El asalariado encontrará que su caso es tan verdadero como cualquiera de los otros mencionados.

No sientas que no tienes oportunidad de hacerte rico porque estás trabajando donde no hay oportunidades visibles para progresar, donde los salarios son bajos y el costo de la vida sube cada día. Fórmate una visión mentalmente clara de lo que quieres, y comienza a actuar con fe y determinación. Los resultados llegarán. Seguro.

Haz todo el trabajo que puedas, cada día, y realiza cada parte del trabajo de una manera perfecta y exitosa; pon el poder del éxito y la voluntad de enriquecerte en todo lo que hagas.

WALLACE D. WATTLES

Pero no lo hagas con la simple idea de ganarte el favor de tu jefe, con la esperanza de que él, o los que están por encima de ti, puedan ver tu buen trabajo y te asciendan, ya que es poco probable que lo hagan.

El hombre que es un "buen" trabajador, que ejerce su trabajo con la mejor capacidad posible y está agradecido por eso, es valioso para su jefe, y éste no estará interesado en ascenderlo, pues le vale más donde está y cómo está.

Para asegurar el progreso, es necesario algo más que ser muy bueno en tu cargo.

El hombre que está seguro de progresar es aquel que es un aventajado en su puesto, y que tiene un concepto claro de lo que quiere ser; sabe que puede ser lo que quiere y está decidido a SERLO.

No trates de ocupar mejor tu puesto actual con el fin de satisfacer a tu superior; hazlo con la idea de avanzar por ti mismo. Mantén la fe y la voluntad de progreso, antes, durante y después de las horas de trabajo, de tal manera que cada persona que entre en contacto contigo, ya sean superiores, otros empleados o compañeros de trabajo, sentirán el poder de la voluntad que irradia en ti; de modo que cada uno ellos adquirirá de ti la capacidad de crecimiento y progreso. Los hombres serán atraídos hacia ti, y si no hay ninguna posibilidad de ascenso en tu trabajo actual, muy pronto descubrirás la oportunidad de conseguir otro trabajo. Existe un poder que nunca falla: presentarle al ser humano la oportunidad de avanzar y de moverse obedeciendo la ley.

Dios no puede dejar de ayudarte, si actúas de una Determinada Manera. Él debe hacerlo con el fin de ayudarse a Él mismo.

No hay nada en tus circunstancias o en la situación económica que pueda condicionarte. Si no puedes enriquecerte trabajando para una fábrica, puedes hacerlo siendo electricista, albañil o médico. Cuando empieces a moverte de una "determinada manera", escaparás sin duda de las "garras" del trabajo que estés llevando a cabo en ese momento y progresarás en la profesión que desees realizar.

Si unos cuantos miles de empleados empezasen a pensar de una "determinada manera", las cosas cambiarían muy rápido. Y obligarían a sus jefes y empresas a cambiar su actitud. Pero, por desgracia, esto no ocurrirá mientras haya personas que desconozcan la ciencia de hacerse rico o sean tan perezosos que no la lleven a la práctica.

Comienza a pensar y actuar de una Manera Correcta, y tu fe y voluntad harán que rápidamente veas cualquier oportunidad para mejorar tu situación.

No esperes la oportunidad definitiva para ser todo lo que quieres ser, cuando aparezca una que te permita ser más de lo que eres ahora, acéptala. Será el primer paso hacia una oportunidad superior.

Es imposible, en este universo, la falta de oportunidades para las personas que viven una vida de continuo crecimiento.

Ten fe.

Las oportunidades vendrán.

No falla.

Aprovéchalas.

CAPÍTULO 16

Sugerencias y observaciones finales

"Cuida tu lenguaje. Nunca hables de ti mismo, de tus asuntos, o de cualquier otra cosa de manera desalentadora o deprimente."

Muchas personas se burlarán de la idea de que existe una ciencia exacta de hacerse rico y tendrán la impresión de que la fuente de riqueza es limitada. Insistirán en que las instituciones sociales y gubernamentales deben cambiarse incluso antes de que una cantidad considerable de personas puedan adquirir poderío.

Pero esto no es verdad.

Es cierto que los gobiernos actuales mantienen a las masas en la pobreza, pero esto se debe a que las masas no piensan ni actúan de una "determinada manera".

Si las masas comenzaran a comportarse de la forma que sugiere este libro, ningún gobierno podría pararlas.

Si las personas tuvieran una mentalidad de progreso y

una fe en que pueden hacerse ricos y avanzar con el firme propósito de enriquecerse, nada podría mantenerlos en la pobreza.

Los individuos pueden actuar de una Manera Determinada en cualquier momento, bajo cualquier gobierno, y hacerse ricos. Y si un número considerable de personas hiciesen esto, ocasionarían cambios en el sistema y esto abriría las puertas a otras personas.

La salvación económica de las masas sólo puede lograrse consiguiendo que un gran número de personas practiquen el método científico establecido en este libro y lleguen a enriquecerse. Esto mostraría a otros el camino, y los inspiraría hacia el deseo de tener una vida real, con la fe de que se puede alcanzar y con la voluntad de realizarlo.

Sin embargo, por el momento, es suficiente con saber que ni el gobierno bajo el que vives, ni el sistema capitalista o competitivo de la industria pueden impedirte que te hagas rico. Cuando entres en el plano creativo del pensamiento ascenderás por encima de todas estas cosas y te convertirás en un ciudadano de otro reino.

Pero recuerda que tu pensamiento debe sostenerse sobre el plano creativo; no debes sentirte engañado jamás, ni por un instante, pensando que el suministro es limitado, o actuando en el nivel moral de la competencia.

Cada vez que caigas en las viejas formas de pensamiento, corrígete inmediatamente; ya que cuando caes al nivel de la mente competitiva, has perdido la colaboración de la Mente Total.

No pierdas tiempo planificando cómo enfrentarte posiblemente a emergencias futuras, a excepción de los procesos que puedan afectar a tus acciones del presente. Lo que te debe preocupar es hacer el trabajo de hoy con un éxito abrumador y no las emergencias que puedan surgir mañana, pues las podrás resolver a medida que lleguen.

No te preocupes con preguntas referentes a cómo debes superar los obstáculos que puedan aparecer sobre el horizonte de tus negocios, a menos que puedas ver claramente que debes alterar hoy tu rumbo con el fin de evitarlos.

No importa cuán tremendo pueda parecerte un obstáculo en la distancia, deducirás que si continuas procediendo de una Manera Determinada este desaparecerá a medida que te aproximes, o que surgirá en tu pensamiento otro camino o salida alternativa.

Ninguna combinación de circunstancias posibles pueden derrotar a un hombre o mujer que quiera enriquecerse a través de líneas estrictamente científicas. Ningún hombre o mujer que obedece esta ley puede fallar en hacerse rico. Esto es igual que multiplicar dos por dos, siempre nos dará cuatro, por muchas veces que lo hagamos.

No pierdas el tiempo pensando en posibles desastres, obstáculos, miedos o combinaciones desfavorables que empeoren las circunstancias. Ya habrá tiempo suficiente para afrontar esas cosas cuando se presenten ante ti en el presente inmediato. Entonces, descubrirás que cada dificultad lleva consigo los medios para su superación.

Cuida tu lenguaje. Nunca hables de ti mismo, de tus asuntos, o de cualquier otra cosa de manera desalentadora o deprimente.

Jamás admitas la posibilidad de fracasar, o hables de manera que se entienda el fracaso como una posibilidad.

Nunca hables de los tiempos como difíciles, o de las condiciones de hacer negocios como algo dudoso. La época actual puede ser incierta y dura para los que están en el plano competitivo, pero nunca puede serlo para ti, porque puedes crear lo que quieras, y estás por encima del miedo.

Cuando otros estén pasando por momentos difíciles y sus negocios no respondan de la forma correcta, ahí es donde encontrarás tus mayores oportunidades.

Entrénate para pensar en el mundo, y valorarlo como algo que está creciendo, que se está modificando; y que considera el mal como algo que está aparentemente sin revelar. Habla siempre en términos de desarrollo, hacer lo contrario es negar tu fe, y negar tu fe significa perderla.

Nunca permitas sentirte decepcionado. Puedes anhelar algo en un momento determinado, y no conseguirlo en ese instante, y esto te parecerá como un fracaso.

Mantente fiel a tu fe, y descubrirás que el fracaso es sólo en apariencia.

Continúa hacia adelante por el camino correcto, y si no recibes ese bien que deseas, conseguirás algo mucho mejor y verás que el aparente fracaso era realmente un GRAN ÉXITO.

Un estudiante de esta ciencia se planteó realizar una cierta combinación de negocios que le parecían en ese momento muy deseables, y trabajó durante algunas semanas, para llevarlos a cabo. Cuando llegó el momento crucial, falló de una manera inexplicable, era como si alguna influencia invisible hubiese estado trabajando en secreto en su contra. Sin embargo, él no estaba decepcionado, por el contrario, agradeció a Dios que su deseo hubiese fracasado, y continuó con una actitud de agradecimiento. En pocas semanas le llegó una nueva oportunidad mucho mejor y comprendió que existía una Mente más sabia que él, que le permitió conseguir mucho más de lo que él estaba esperando.

Así, de esta forma, resolverás cada fracaso, si mantienes tu fe, te aferras a tu voluntad, tienes gratitud y haces, cada día, todo lo que puedas hacer, realizando cada acto de forma independiente y exitosa.

Cuando cometes un fallo, es porque no has pedido lo suficiente; sigue adelante, porque algo más grande de lo que estabas solicitando, vendrá a ti. Recuérdalo. Es así. Es UNA VERDAD IRREFUTABLE.

No fracasarás porque te falte el talento necesario para hacer lo que deseas hacer. Si continúas como te he indicado, desarrollarás todo los talentos que sean necesarios para realizar tu trabajo.

No está dentro del alcance de este libro ocuparse de la ciencia de cultivar los talentos; pero es tan evidente y simple como el proceso de hacerse rico.

Sin embargo, no dudes ni titubees por temor a que cuando llegues a cualquier lugar determinado puedas fracasar por falta de habilidad; sigue adelante y cuando llegues a ese lugar, la habilidad te será proporcionada. La misma fuente que proporcionó a Albert Einstein sus capacidades para llegar a ser uno de los mayores científicos de la historia, está dentro de ti. Tú también puedes aprovechar toda tu mente y sabiduría para todo lo que tengas que hacer en la vida. Ten fe en ello.

Estudia este libro. Hazlo tu compañero constante hasta que hayas dominado todas las ideas contenidas en el mismo. Mientras te conviertes en una persona mentalmente fuerte, harás bien en renunciar a la mayoría de las recreaciones y placeres mundanos, y de mantenerte alejado de lugares en donde se den seminarios o conferencias que promuevan ideas conflictivas que contradigan las de este libro. No leas literatura pesimista o conflictiva, o entres en discusiones sobre el tema. No leas más allá de los escritores mencionados en el prefacio. Pasa la mayor parte de tu tiempo de ocio en la contemplación de tu visión, y en cultivar la gratitud y en la lectura de este libro. Contiene todo lo que necesitas saber para hacerte rico.

Encontrarás la esencia de este método en el siguiente capítulo.

CAPÍTULO 17

Sinopsis de "La ciencia de hacerse rico"

"Las riquezas que recibirás estarán en proporción exacta a la fuerza y nitidez de tu visión."

Existe una materia inteligente de la cual están hechas todas las cosas, y que, en su estado original impregna, penetra y ocupa los espacios del universo.

- Un pensamiento sobre esta sustancia, produce las cosas que el pensamiento imagina.

- El hombre puede crear cosas en su pensamiento, y grabar su idea sobre la SUSTANCIA SIN FORMA, y así conseguir dar vida a las cosas que él piensa que deben ser creadas. Para hacerlo, el hombre debe pasar de la mente competitiva a la creativa, de lo contrario, no podría estar en armonía con la INTELIGENCIA INFINITA, que es siempre creativa y nunca competitiva en espíritu.

- El hombre puede entrar en plena armonía con la SUSTANCIA SIN FORMA si alberga una viva y sincera gratitud por las bendiciones que ésta derrama sobre él. La gratitud unifica la mente del hombre con la inteligencia de la sustancia, de modo que los pensamientos del hombre son recibidos por la MENTE SUPREMA.

- El hombre solo puede permanecer en el plano creativo uniéndose al Universo por medio de un profundo y continuo sentimiento de gratitud.

- El hombre debe formar una imagen mental clara y definida de las cosas que desea tener, hacer, o llegar a ser; y debe mantener esa imagen en sus pensamientos, mientras agradece profundamente al Supremo que ya todos sus deseos le han sido concedidos.

- El hombre que desee hacerse rico debe pasar sus horas de ocio en la contemplación de su visión, y debe dar gracias con fervor por la realidad que le está siendo entregada.

- Es de vital importancia llevar a cabo la contemplación frecuente de la imagen mental, que unida a una fe inquebrantable y una gratitud devota, imprimirá la idea en la Sustancia sin Forma y activará las fuerzas creativas del Universo para darnos lo que queremos.

- La energía creativa trabaja a través de los canales establecidos del crecimiento natural, y de orden industrial y social. Todo lo que está incluido en su imagen mental será llevado ante el hombre que sigue las instrucciones que le he suministrado, y cuya fe no vacila. Lo que quiera, vendrá a él, por cualquiera de los caminos que el Universo precise.

- Con el fin de recibir lo que le pertenece cuando le llegue, el hombre debe estar activo, y esta actividad solo puede consistir en llenar de forma satisfactoria su lugar actual, donde está hoy. Debe tener en cuenta su voluntad de hacerse rico a través de la realización de su imagen mental. Y debe hacer, cada día, todo lo que pueda terminar, teniendo cuidado en hacer cada acto de la mejor manera posible.

- En una transacción, todo hombre debe dar un valor de uso superior que el valor en efectivo que recibe. Cada transacción ha de crear más vida. Todo hombre debe sostener consigo, todo el tiempo, el pensamiento del progreso, para que la impresión de aumento de vida sea transferida a todos aquellos con quienes entra en contacto.

- Los hombres y mujeres que practican las instrucciones que preceden ciertamente se harán ricos; y las riquezas que recibirán estarán en proporción exacta a la fuerza y nitidez de su visión, la persistencia de sus propósitos, la firmeza de su fe y la profundidad de su gratitud.

ÍNDICE

Nos encuentras en:
WWW.MESTASEDICIONES.COM